治理贫困之路

四川宣汉调查

祝灵君 张博 等◎著

人民出版社

目　录

序　言　小康路上一个都不能少

　　木桶的容量是由短板决定的，衡量当代中国现代化建设质量也是如此。改革开放四十年，中国的人均GDP由不足300美元提升到今天9000美元左右，已经从低收入国家迈入中等收入国家的中上水平，成就斐然。然而，今天，如果从西部边疆某偏远地区出发一路东行，来到东部沿海最发达的地区，至少可以看到农耕文明、第一次工业文明、第二次工业文明、第三次工业文明等形成的雁阵型文明结构，中国的现代化水平不仅仅由领头雁来决定，更要由最边远的落后地区来决定。

　　中国共产党人的初心和使命，是为中国人民谋幸福，为中华民族谋复兴，为人类文明谋进步。本着这个初心和使命，一代一代的中国共产党人不懈奋斗，硬是把一个山河破碎、人民颠沛流离的旧中国变成了一个各项事业蒸蒸日上、人民挺直了腰杆的新中国，并在改革开放以后人民生活逐步从"温饱"走向"小康"，迈入通过接续奋斗实现"人民生活比较富裕"的新时代。

　　"小康不小康，关键看老乡"。中国共产党即将实现第一个百年奋斗目标，接续迈向第二个百年奋斗目标，只有让每一个人都不掉队，把贫困"送"出去，把小康"请"进来，让每一位中国人共享改革发展的成果，才能使中国真正跨越"中等收入陷阱"，顺利实现中华民族伟大复兴。中国是一个人口大国，"人多则问题多，局面大则问题大。一处有问题，全局受影响；中枢不就绪，各处难进行。"① 历史的教训反复证明，办好中国的事情，就是办好世界的事情，只有把中国的事情办得更好，中国共产党人才可以为人类文明做出更大的贡献。

习近平总书记念兹在兹，始终把人民放在心中最高位置，对扶贫事业看得准、看得远、态度特别坚定。他强调："我们追求的发展是造福人民的发展，我们追求的富裕是全体人民共同富裕。"2015年在国际减贫与发展高层论坛上，他深情地说："四十多年来，我先后在中国县、市、省、中央工作，扶贫始终是我工作的一个重要内容，我花的精力最多。"1969 年至 1975 年，青年习近平在陕西省延川县梁家河村插队，见证了贫困这个"顽疾"是如何困扰当地的村民，他领着乡亲发展生产、改善生活，一干就是七年。20 世纪 80 年代在河北省正定县当县委书记期间，他大力推行家庭联产承包责任制，大刀阔斧推进改革，带领正定县人民一举甩掉"高产穷县"的帽子。在福建宁德工作期间，他要求当地干部念好"山海经"，立愚公移山志，鼓滴水穿石劲，向贫困发起进攻，并立足于宁德扶贫实践写下《摆脱贫困》一书，提出"弱鸟也可以先飞"等许多创建性理念。在福建工作期间，他大力改造福州市的棚户区，让城市旧貌换新颜，担任福建省委副书记时亲自主抓农业和扶贫开

---

① 梁漱溟:《中国文化要义》，上海世纪出版集团 2005 年版，第 9 页。

发，开创东西部扶贫协作的"闽宁模式"。在担任浙江省委书记期间，他开启了"千村示范、万村整治"的美丽乡村建设，为乡村振兴做出了示范性探索。

党的十八大以来，习近平总书记高度重视精准扶贫、精准脱贫工作，他每到一个地方调研和指导工作都要到农村看望贫困户，看望基层干部，了解脱贫情况，走遍了大江南北，访遍了 14 个集中连片特困地区。2015 年 11 月 27—28 日，习近平总书记在中央扶贫开发工作会议上指出，"消除贫困、改善民生、逐步实现共同富裕，是社会主义的本质要求，是我们党的重要使命。全面建成小康社会，是我们对全国人民的庄严承诺。脱贫攻坚战的冲锋号已经吹响。我们要立下愚公移山志，咬定目标、苦干实干，坚决打赢脱贫攻坚战，确保到 2020 年所有贫困地区和贫困人口一道迈入全面小康社会。"

在党中央的号召下，全党全国人民迅速行动起来，立即凝聚成一股磅礴力量，齐心协力搬走贫困与落后的太行、王屋二山。产业扶贫、电商扶贫、光伏扶贫、旅游扶贫、搬迁脱贫、健康扶贫各种扶贫项目纷纷上马，各种扶贫力量持续壮大。十八大至十九大五年期间，中国减贫 6600 多万人，年均减少 1300 万人以上，创造了我国脱贫史上最好成绩，再次为全球减贫事业贡献了"中国方案"。党的十九大提出了乡村振兴战略，2017 年 12 月 28—29 日召开了中央农村工作会议，提出到本世纪中叶实现乡村振兴。蓝图已经描绘，短板必须拆除，成功还需努力。

作为时代的见证人，观察和思考这个伟大时代的变迁是我们的责任，记录和研究新时代党和人民奋斗的故事是我们的事业。2015

年秋，我们拿出了一份研究计划：打算以一个县委为例，用解剖麻雀的方法，近距离观察中国共产党如何能在中华民族五千年文明史上首次实现治理贫困的伟大目标。

在众多的挑选目标中，我们通过媒体等多种渠道了解到四川省宣汉县脱贫工作的艰巨性以及全县人民在党的领导下取得的重大成就，并最终把宣汉作为调研点。宣汉，是革命老区、兵员大县，地处川陕革命根据地腹地，从大山之中走出了中国共产党早期党员——王维舟，那里的群众至今对中国共产党有着特殊的记忆和特殊的感情；宣汉，商朝属巴方，周朝属巴国，132 万巴人后裔今天生活在 4272 平方公里的大巴山土地上，积淀了血性阳刚、重情重义的个性特质，铸就了敢为人先、敢争一流的精神品格，形成了睦邻友好、向善向上的民风民俗。宣汉境内的罗家坝遗址是全国最大的巴文化遗存，出土文物证明新石器时代晚期已有人类居住，距今至少 5300 年。

然而，就是这样一个有着红色革命传统和厚重文化底蕴的人口大县，却拥有贫困地区的全部特征：人多地少、道路不通、产业不兴、人们观念落后，等等。截至 2014 年，宣汉县还有 211 个贫困村、20.94 万贫困人口，是四川省贫困人口最多的县，也是四川省 36 个国家扶贫工作重点县之一。党的十八大以来，在党中央的坚强有力领导下，中共宣汉县委按照四川省委、达州市委的决策部署拉开了打赢 20 万贫困人口脱贫攻坚战的序幕。最近几年，宣汉几乎每年都退出了一个大县的贫困人口数，2014 年减贫 8105 户共计 29784 人，贫困人口下降到 50416 户 17.96 万人。2017 年底，全县有 120 个贫困村退出、14.822 万贫困人口脱贫，贫困人口减少到 6.118 万人，贫困发生率从 19.21% 降至 5.6%。宣汉乡村的变化，用庙安乡八庙村农民黄孝权的话讲：过去是"吃不饱、穿不暖，家家户户没存款"，而现在是"道路交通四方联，特色农业挣大钱，买房买车不愁钱，务工人员都愿回家种田"。宣汉县过去为何有如此大的贫困面，今天又靠什么办法治理贫困？

带着这些问题，自 2015 年底以来，我们多次往返宣汉，深入乡村调查，访问干部群众，认真琢磨宣汉如何在党的领导下把群众组织起来找到治理贫困的良方。我们的调查得到了当地许多"笔杆子"的帮助，因而能原原本本记录当地党员干部的艰辛付出以及农民脱贫后的喜悦之情，记录下了宣汉县委领导人民群众脱贫攻坚的非凡历程，也对治理贫困的若干规律做了一些粗浅的思考。

在调研中，我们深刻感悟到，一个长期落后的地区治理贫困需要有四个前提：一是"路"。首先是思路，有思路才有出路。其次是道路，有现代交通，才能把分散的小农生产融入现代农业轨道，把与世隔绝的农村与外面精彩的世界连接起来，把农民与市场经济对接起来。二是"业"。有产业，才有就业，才能实现真正意义上的脱贫。贫困地区应该因地制宜，发展适合本地资源禀赋的产业和产业链条。三是"人"。脱贫奔小康关键在人，关键在干部和贫困户。首先是党员干部，一个地方的党员干部不能解放思想，没有干劲，就不可能发展起来。一个地方的长期落后必然会导致干部的思维方式、能力素养的落后，成为长期贫困的根源。其次，帮助贫困户树立摆脱贫困的信心，帮助他们掌握致富技术、技巧，提升致富农民的道德素养。四是"党"。有坚强有力的党的组织，有党坚强有力的领导，才能够把农民组织起来，成为治理贫困的政治保障。宣汉的经验告诉我们，恰恰是这四个着力点都具备，宣汉找到了治理贫困之路。

围绕这"四个着力点"，本书以大交通、大产业、大生态、大文化、大党建五章展开，聚焦"加强党的领导是根本，把握精准是要义，增加投入是保障，各方参与是合力，群众参与是基础"①这条脱贫工作的基本规律。在调研中，也有当地干部提出"五变"的宣汉经验：资本变支持，打通市场流通的"最后一公里"；能人变善人，通过先富带后富，延长农业产业链条；干部变先锋，建立激励机制，克服干部不作为问题；群众变主体，脱贫的主体是农民，农民有参与度，才有满意度，有付出感，才有获得感；攻坚变创新，关键在创新基层治理结构，完善基层治理体系，提升基层治理能力。我们在写作时，有意识地将这"五变"的经验融进五章之中。

全书以"党的领导是中国特色社会主义最本质的特征"这个科学结论为主线，集中展示了坚持和加强党的全面领导和发挥中国特色社会主义制度优势在精准扶贫、精准脱贫中起到的中流砥柱作用。1992年，邓小平同志在南巡谈话中指出：社会主义的本质是解放生产力，发展生产力，消灭剥削，消除两极分化，最终达到共同富裕。实际上，社会主义的建立与发展，社会主义本质的实现都离不开党的领导。首先，中国特色社会主义是中国共产

---

① 刘永富：《不忘初心　坚决打赢脱贫攻坚战——中共十八大以来脱贫攻坚的成就与经验》，《团结报》2017 年 6 月 3 日。

党建立与发展起来的，党与社会主义具有不可分离的内在逻辑联系；其次，中国特色社会主义的基本经济制度是以公有制为主体，多种所有制经济共同发展，从经济基础上保证了实现了全国人民利益的最大公约数，而中国共产党本身就是中国人民和中华民族利益的最大公约数的代表者；最后，实现共同富裕目标，既要靠社会主义制度，更要靠党的领导和党的建设，通过奋斗实现"每一个人都不掉队"。

全书运用了党群关系同心圆的分析框架。其中，党是同心圆的圆心，体现了共同思想政治基础的一致性，代表了最广大人民的根本利益；而人民群众内部包括利益和价值观的差异性，表现为同心圆的不同半径。党越是能"通过千万条线索同人民群众联系起来"，越是能贯通"最后一公里"，就越容易找到最大公约数，画出最大同心圆，增强最大组织力。宣汉脱贫攻坚实践具体生动地展现了这个同心圆：县委发挥总揽全局、协调各方作用，乡镇党委和村党支部发挥战斗堡垒作用，党员干部发挥模范带头作用，同时，管党治党落到党的基础组织——党支部，全县工作的重心沉到最基层——村（社）和社区，各级党组织通过各种渠道和人民群众联系起来，党员干部从群众中来，到群众中去，最大程度汇聚各方力量，共同实现宣汉人民"脱贫奔小康"的伟大目标。

没有调查，就没有发言权。70年多前，美国友人韩丁来到山西省潞城县张庄，亲眼目睹了中国共产党领导的土地改革，写成《翻身》一书，记录下这场伟大的社会革命和农民翻身做主人的喜悦；今天，在实现中华民族伟大复兴中国梦新征程中，我们亲眼目睹了一个偏远的贫困大县如何华丽转身，那里老百姓的生活如何由苦变甜，在多次往返宣汉的调研中，众多贫困户摆脱贫困后的喜悦之情，党员干部经历的酸甜苦辣，那里美丽的山山水水，深深地刻在我们的脑海中，难以忘怀。作为这段历史的见证人，我们唯有用心写作，努力用文字向读者呈现这些魔术般的惊喜变化。

第一章　向贫困宣战的宣汉人民

　　有文字记载的历史表针在中国一刻不停走了至少五千年，绘就了一幅中华文明经久不衰、蜿蜒前行的壮丽画卷。其中，江山、社稷的稳固与动荡、人口的繁衍与衰减、农民起义与王朝更替，形成了中国"历史周期率"。1840年以后的中国，进入半殖民地半封建社会。从此，国家山河破碎、人民颠沛流离、主权碎片化，中国人民除遭受帝国主义、封建主义、官僚资本主义在肉体和物质上的欺凌、盘剥之外，还遭受另一番打击——丧失文化自信所带来的精神贫困，物质和精神双重贫困像梦魇一样如影随形。

　　哪里有压迫、剥削和贫穷，哪里就有抗争。在反抗压迫和剥削的斗争中诞生的中国共产党承载了为中国人民谋幸福、为中华民族谋复兴、为人类谋进步的初心和使命，必然由小变大、由弱变强，成为最高政治领导力量。新中国成立短短70年，在中国共产党领导下，中国人民众志成城，一步一个脚印，治理这个长期困扰中国人民和中华民族的"顽疾"，并向最后的堡垒发起冲锋。宣汉县位于四川省东北部，属于达州市下辖的一个县，与全国各地一样，长期以来受限于自然环境、交通条件等，勤劳勇敢的宣汉人民依然处于贫穷状态。新中国成立尤其是改革开放以来，宣汉人民在中国共产党的领导下通过自力更生、艰苦奋斗，经济发展，社会进步，人民生活生平迅速提高。然而，一些自然环境恶劣、地理位置闭塞、交通不便的乡村仍然形成了连片贫困区。党的十八大以来，习近平总书记号召向中国最后的贫困区域宣战，确保到2020年所有贫困地区和贫困人口一道迈入全面小康社会，宣汉人民迎来了从此摆脱贫困、奔向小康的历史机遇。

江山、社稷与宣汉人民的福祉

自古以来，中国就有江山稳固，则国家统一、民族团结、天下太平之说。意即江山稳，则社稷稳；江山破，则社稷衰；社稷衰，则人民福祉受损。

每一个研究璀璨夺目的中国农耕文明史的人都不能忽略另一番景象：战乱、瘟疫、灾荒、贫穷、愚昧、落后……每当大灾荒到来或战乱到来，老弱病残者死于沟壑，青壮年者散于四方，生灵涂炭、民不聊生，社会生产力遭到巨大破坏，几千年来中国频繁出现这些悲壮的历史情景。元代官员张养浩到陕西救灾，路过潼关时写下了《山坡羊·潼关怀古》一词："峰峦如聚，波涛如怒。山河表里潼关路。望西都，意踌躇。伤心秦汉经行处，宫阙万间做了土。兴，百姓苦，亡，百姓苦。"即使到了民国，胡适依然认为旧中国的老百姓"贫、弱、愚、贪、乱"，俗称"五鬼闹中华"。中国人在生产力不发达的农耕文明时代，生产不自由，土地兼并和剥削制度并存，经常面临天灾人祸、内忧外患，注定不能掌握自己的命运，不能真正摆脱贫困。

所谓社稷，是社和稷的组合。在古代中国，社是指居民区的土神及其祭坛或画像以及祭祀品。《礼记》写道："社，祭土而主阴气也……社，所以神地之道也。"古人在土神祭坛上一般要栽一棵树作为象征。《论语》中记载："哀公问社于宰我，宰我对曰，夏后氏以松，殷人以柏，周人以栗。"随着中国文明的进步，春秋时期中国人以木料和石头来表征神灵，从此形成传统。而与祭祀相关的词汇则发展出"社稷"。稷即土谷，古代君主为了祈求国事太平，五谷丰登，每年都要到郊外祭祀土神和五谷神（社稷后来也成为国家的象征）。到了唐朝，为土神建造祭坛的做法得到了政府的鼓励和支持，比如《资治通鉴》对唐高祖武德九年（公元 626 年）二月丙子日有如下记载："令州县祀社稷，又令士民里闬相从立社，各申祈报，用恰乡党之欢。"

宣汉县，生活在这里的人民，曾经是苦难与贫困并行。

清乾隆后期，土地高度集中，大批流民陆续聚集于川、楚、陕交界的巴山老林地区谋生。由于人口增长迅速，土地兼并严重，加之土壤瘠薄，气候恶劣，清朝统治阶级又生活奢侈、贪官污吏横行、人民不满和反抗情绪日增，绝望中的流民便成了白莲教传播的对象。及至清嘉庆元年（公元 1796 年）9 月，宣汉县桃花乡王三槐与冷天禄率白莲教徒在桃花乡莲池沟起义。1797 年 6 月王三槐部白莲教义军与湖北王聪儿部、达县徐天德部会师宣汉县白马镇白秀山，轰轰烈烈的白莲教起义从此开始，先后有数十万农民参与其中，1798 年襄阳白莲教军在湖北郧西被包围，王聪儿、姚之富跳崖自杀，白莲教起义由此走向衰败。1804 年，白莲教军队被全部镇压。历史上将这次起义称为"川楚白莲教大起义"。

光绪二年（公元 1876 年）2 月，因东乡青年袁廷蛟，与其舅父李经良状告地方贪官任意征收税赋，引发"东乡血案"，导致东乡数千名手无寸铁的无辜百姓被官兵屠杀，受连累的乡民更是数以万计。此次血案与江苏张汶祥"刺马案"、浙江"杨乃武与小白菜案"并称三大冤案。

晚清至国民政府，宣汉多灾多难。光绪二年（公元 1876 年）川东数十县连续两年大旱；光绪二十一年（公元 1895 年），东林场西十五里张家沟，长 5 里宽 2 里的数十家房屋和田地突然崩裂俱毁；光绪二十二年（公元 1896 年）洪灾引发宣汉境内的前河流域多数场镇淹没，第二年大饥荒造成死亡之人枕藉载道，人食人现象不绝。民国四年（公元 1915 年）全县闹饥荒，米价每斗涨至 1600 元；1924 年大旱之后逢大水，洋烈场镇和桥梁尽数被毁；1931 年由于连年遭灾，全县举目哀鸿，百姓挖草根为食；1934 年暴雨后久旱不雨，县长林升安身穿八卦大袍祈雨，和尚道士扬幡念经，一时传为笑柄；1935 年洪灾和干旱交替，全县受灾 11.2 万户，百姓挖草根、刮树皮充饥，甚至以白泥为食，全家死绝不计其数，普光乡、胡家镇发生人吃人现象；1937 年大灾之后瘟疫盛行，全县每个场镇日死 20 人以上；1941 年至 1945 年全县连年大旱，连野草也被干死，灾区焦土一片，农民庄稼绝收，粮价突飞猛涨，树皮草根剥挖殆尽，沿街乞讨叫花者举目可见……

一个县独成一个军

人口多，耕地少，是中国历史上长期面临的社会矛盾。这个矛盾，让中国人成为世界最勤劳、节俭的民族之一，创造了世界上最为精耕细作的农耕文明。然而，每当土地和人口急剧增长的矛盾变得不可协调且中央政府控制力衰弱时，农民起义、战乱就会爆发。

灾害和贫穷是人类社会发展的毒瘤，其直接后果就是社会动乱，哪里有压迫、剥削和贫穷，哪里就有抗争。宣汉，是川东游击军和红三十三军指挥部所在地，既是川东革命根据地的大本营，也是川陕苏区的基础，为川陕革命根据地的巩固和红四方面军的壮大做出了重大贡献。在这块红色土地，孕育了中国最早的共产党员王维舟，诞生了川东第一个共产主义小组，创立了川东第一个革命武装，创造了中国革命史上一个县独建一个军的奇迹，留下了李先念、徐向前、许世友等老一辈无产阶级革命家的战斗足迹，走出了向守志、王定烈等 10 位将军……宣汉有 10 万优秀儿女参加革命，3 万多人为新中国的建立献出了宝贵的生命。

王维舟是中国共产党早期党员之一。1920 年 5 月，他离乡辗转于上海、北京和苏俄寻求革命真理并加入朝鲜共产党上海支部，1923 年春回到宣汉，在清溪创办新群女校。同年秋，他在清溪木鱼山创建川东第一个共产党早期组织——清溪共产主义小组，学习马列主义，阅读进步书刊，宣传十月革命，培养革命干部，开展革命活动。

共产主义小组建立后，通过创办宏文校、农民夜校等形式，广

◆ 王维舟创办的宏文校　谢兴双摄

泛传播革命真理，组织农民开展反抗地主剥削的抗捐抗粮活动，引起了反动统治阶级的恐慌。1925 年冬，反动军警大肆搜捕共产主义小组成员，王维舟携冉海舫、周伯仕等人先后去开江、万县（现万州）、武汉等地从事革命活动，身份未暴露的成员留守本地，继续坚持斗争。

1927 年 8 月，在党的"八七"会议精神指引下，工作或就读于上海、武汉等地的王维舟、冉海舫、牟正国、胡俊辉等宣汉籍中共党员先后返乡，在宣汉县城建立了由牟正国、胡俊辉等人组成的中共宣汉小组，后来，扩建为中共宣汉特支（特别支部），设立了城区支部和清溪支部，逐步辐射周边地区。

从 1923 年共产主义小组成立，到 1927 年建立中共宣汉小组，共产主义小组先后发展共青团员、共产党员上百人，他们后来都成为川东革命和川东游击军的重要组织者和领导者，将革命的火种撒播宣汉各地，为中国革命胜利立下不朽功勋。

王维舟在川东北发动游击战争，有这样一批本地游击队伍，才使入川的红四方面军能迅速壮大起来。1927 年重庆"三三一"惨案后，川东处于白色恐怖之中。同年 8 月，王维舟从武汉返乡。同月，中共四川临时省委在重庆成立，并成立了川东党革命军事委员会（川东军委），王维舟任书记。

1929 年 4 月 27 日，万源固军坝、白羊庙、宣汉厂溪等地的农民起义队伍和煤、铁矿工人起义队伍，以及王维舟从梁山、开江等县动员前来参加起义的部分工会、农会会员汇集固军坝，发动了固军坝起义，成立了川东游击军第一路军，川东游击军正式创建。

1930 年 1 月，中共四川省委将川东游击军第一路军正式命名为"四川工农红军第一路游击队"，部队向城口、万源、宣汉等地扩展，在宣汉先后取得了激战樊哙店、强攻虾耙口、攻打窝窝店等战斗的胜利，迅速在宣汉西北部创建了拥有 10 余个场镇、5 万多人的游击根据地。

然而，由于早期共产党人武装斗争经验不足，更由于敌人重兵合围，第一路游击队最终失败了，500 多名宣汉优秀儿女血洒故土。1931 年 5 月 28 日，王维舟参加了中共四川省委在成都召开的会议，省委决定重组川东游击军，王维舟任中共川东军委书记兼游击军总指挥。

王维舟等人将分布在梁山、达县、开江、宣汉的游击军整编为 3 个支队，并以芭蕉、峡口为中心，建立根据地方圆 300 余里（东起梁山虎城、百里漕，南抵达县南岳、大树、万家，西至平昌泥龙、笔山，北迄城口）。游击军扩充至 2000 余人，拥有长短枪 1000 余支。星星之火，又成燎原之势。

1932 年 12 月，红四方面军入川，建立川陕革命根据地，四川军阀大为惊恐。1933 年 1 月 17 日，蒋介石委任田颂尧为"川陕边区剿匪督办"，分两个纵队向红军发动了三路围攻，妄图一举将刚入川的红军赶出四川。

"主力红军就要来了"的喜讯，极大地激励着每一位川东游击队员。1933 年 8 月，川东游击军主动袭击双庙场、马渡关、沿山场、清溪场、南坝场、峰城场等地敌人。在南坝场、峰城场击溃敌人两个团，在前河三河场上游 10 公里的渡口马立爪，缴获刘存厚部运送的十几船弹药和物资。游击军的这些行动，巩固和扩大了宣汉、达县游击区，很好地配合了红四方面军的战斗。

1933 年 11 月 2 日，宣汉解放暨红军第三十三军成立大会在县城西门操场隆重举行。红四方面军总政委陈昌浩宣读红 33 军任命状：军长王维舟、政委杨克明，下辖 97、98、99 三个师，川东游击军正式改编为红四方面军第三十三军。一个县独自建立一个军，这在中国民主革命史上是一个奇迹！

1933 年 10 月 4 日，蒋介石委任四川省军阀刘湘为"剿匪"总司令，纠集四川大小军阀共计 120 多个团约 30 万兵力，分兵六路向川陕革命根据地疯狂围攻。

红三十三军这支由宣汉优秀儿女组建的部队，一诞生就投入到反敌"六路围攻"，在宣汉境内参加了"杨柳关阻击战"、"峰城战斗"、"激战马渡关"等 11 次重大战斗，歼敌 1 万余人。

1935 年 4 月，红三十三军向西转移，6 月与红一方面军在懋功会师，经历了两过雪山草地的艰苦历程。1936 年 1 月，与红五军团会合，编为红五军，至此红三十三军番号被撤销。原红三十三军改编为红五军第 15 师，其下属 3 个团 2000 余人改编为第 15 师 43 团、45 团。

"红三十三军是一支很好的部队。"20 世纪 80 年代，徐向前元帅在《忆创建川陕革命根据地》中如是评价。从三百余人到上万兵力，从游击武装到红军部队，从川陕边区到雪山草地，从西路苦战到高台殉国，这支"很好的部队"以其悲壮的历程、辉煌的战绩和优良的作风，在党和人民军队的历史上留下了光辉的篇章。

1937 年 8 月 25 日，王维舟被任命为八路军一二九师三八五旅副旅长，后任旅长兼任陇东军政委员会书记、陇东分区专员、陇东军分区司令员，耿彪任参谋长、副旅长兼副政治委员。王维舟驻守陇东，坚持斗争，发展生产。1949 年 2 月，贺龙为司令员、习仲勋为政委、王维舟为西北军区副司令员，指挥晋绥军区、陕北军区、陕南军区向国民党军进攻，歼灭敌人有生力量，加快解放西北地区的步伐。

在调研中，我们发现，宣汉县的老百姓和任何革命老区的百姓一样，对中国共产党有特殊感情。宣汉县境内几乎每一个家庭都有成员或亲戚参加红军，几乎每一个宣汉人都能绘声绘色地讲"闹红军"的故事。宣汉的群众自觉地把党和红军看作"主心骨"，很多老百姓在与我们交流时亲切地称中国共产党为"党"、"我们党"，谈到"党"时明显充满了感情。他们有可能讲不清楚为何党是人民利益的最大公约数的代表者，但他们显然意识到"没有共产党，就没有新中国"，"没有共产党，就没有人民得解放"，党是人民群众的领导核心，党来自群众，又回到群众中去，党群关系是同心圆。

宣汉的"樊哙精神"

宣汉人民不缺一口气。宣汉人继承了勇敢、彪悍的巴人精神，继承了勤劳、倔强的土家文化精神，还继承了为人民谋幸福、为民族谋解放的"红三十三军精神"。新中国成立以来，在中国共产党的领导下，宣汉人民具有强烈的摆脱贫困的愿望。改革开放以来，宣汉县樊哙片区封闭落后的交通状况引起了四川省委的重视，全区人民在县委领导下，在区委、乡镇党委以及村党支部的直接组织下，党员干部带领群众依靠肩挑背磨、自力更生，硬是凭着"滴水穿石"、久久为功的意志用几代人时间打通了闭塞交通，被称为现代版的"愚公精神"。

樊哙镇，位于宣汉县东北，距县城 95 公里，因汉初猛将樊哙在此地屯兵戍边而得名。

打通樊哙镇的道路，就是几十年宣汉人民向贫困开战的缩影。樊哙镇地处巴山大峡谷深处，盛产宣黄连等中药材，在交通闭塞的障碍之下，被掩埋在原始的云雾之中。山民们以刀耕火种的原始耕作模式，获取亩产仅百来斤的"野鸡啄"苞谷来活命，有的人一辈子没吃过大米。地处鸡王洞上方的石桶村与外界联系十分不便，生存环境极为险恶，黄牛、生猪根本无法运出村，经济发展更无从谈起。

1988 年 6 月 27 日，被群众亲切称为"草鞋书记"的中共中央政治局委员、四川省委书记杨汝岱①来宣汉县视察，目睹了宣汉贫困的现状。当年，樊哙区鸡唱乡被称为"巴山外蒙古"，公路不通，条件十分落后，群众生活非常艰苦。1989 年，当杨汝岱书记看到宣汉脱贫初步取得的成绩，热情致电祝贺樊哙人民初越温饱线，《人民日报》也为之发表长篇专题报道。

1991 年 5 月，杨汝岱再次到宣汉樊哙考察，从樊哙区到渡口乡的途中，遇到突发泥石流，交通中断。可是，杨汝岱并没因此停止脚步，决定从乱石堆上爬行，步行到渡口。正在乱石堆上爬行时，山体再次发生泥石流，亲历山路上乱石砸下的险情，杨汝岱

---

① 2015 年 1 月 12 日上午，习近平总书记在人民大会堂接见中央党校第一期县委书记研修班学员时，提到杨汝岱书记把四川省当时所有的约 240 个县跑遍，并称赞杨书记"他是土生土长的，在那里待的时间很长"。

发誓一定要帮助樊哙人修一条向外的通道。当时，随行人员 3 人受伤，原地委书记孟俊修被磕得头部鲜血直流，原宣汉县长廖杰文伤势最重，市委宣传部某干部脸部被石头划伤，廖县长和宣传部干部立即被送到樊哙区医院治疗。当有人建议动用直升机把杨书记接送出去时，杨书记坚持说不用派，这点危险算不了什么。于是，当地干部组织老百姓手牵手形成围墙，一步一步挪动，贴着岩壁把杨书记及市、县干部牵过了险境。杨汝岱书记深入基层、深入群众，爬山涉水，不辞辛苦，不畏艰险的精神在当地传为美谈。

杨书记回到省里以后，经研究决定由省里规划修建城开路（今天的重庆城口县至重庆开县），这条公路全长 64 公里，其中有 60 公里在宣汉境内。这条公路的直接贯通，大大缓解了宣汉县交通闭塞的状况。

1995 年 8 月，新城（口）开（县）公路响起了一阵阵排山倒海的炮声，夹杂着此起彼伏的号子声和叮叮当当的钎锤声，以前所未有的气势惊醒了沉睡旷久的樊哙百里峡谷。1997 年 8 月，新城开公路宣汉樊哙段 60 公里全面竣工通车。这段路总工程量为：挖土石方 367.6 万立方米，修建涵洞 573 道，修建堡坎、挡墙 766 处 8.6 万立方米，大中桥 15 座 533.8 延米、小桥 18 座 351 延米。为修这段路，樊哙人均捐出 7.5 公斤玉米，全区 2.2 万个劳动力，累计投义务工 33 万个。为修这段路，18 人献出生命，72 人身负重伤，26 人终身残疾。

60 公里路血与汗。修路大军离乡背井，沿线人烟稀少，有洞住洞，无洞搭窝棚，甚至露天而卧。数九寒冬，早晨起来，眉毛胡子上都凝着一层白霜。到处是绝壁石岩，施工难度极大，钢钎一打一团火。有些连猴子都站不稳的悬崖，要用绳子吊人下去打炮眼。一个个动人的故事，就像嵌在岩壁上的石花，永远镌刻在路边的里程碑上。

为修路，时任宣汉县交通局局长、新城开公路指挥长、曾获"全国五一劳动奖章"的李春荣，把办公室搬到施工现场，开山挖土，每天起早贪黑，长期与修路工人一起鏖战。1997年秋天的一个周末，他坐车送炸药到施工现场，由于路面不平，发生车祸事故，他和技术员刘庆文双双坠河身亡。

龙泉乡高架村一家三代人前仆后继。爷爷一代，村主任钱大钧，在1982年修船蓬岩人行栈道时，身先士卒，不幸坠岩身亡。父亲一代，党员钱学安，在1996年修建新城开公路铁门槛路段时，为了工友的安全，主动去排危，因岩石崩塌不幸遇难。第三代，代课教师钱光明和从山西赶回来的弟弟钱光理，料理完丧事，强忍悲痛，三天之后一起上了工地，兄弟俩说："父亲未做完的事，理所当然该我们当儿子的去完成。"

1982年，原自由乡有对不愿透露姓名的新婚夫妇，婚后刚三天，新郎就要上工地修路，新娘也不甘落后，小两口就双双来到工地。乡亲们特地关照这对新人，为他们腾出了一间真正的"洞房"——一个矮小的小岩洞。小夫妻的"岩洞蜜月"，成了当地长久流传的佳话。

自由乡水古村的老人们组织了10余人的"老汉队"修路，平均年龄50多岁，年龄最大的已经62岁。成虎乡柑子村六社86岁的唐怀山老人，儿子、媳妇都在外打工，他不愿拖大家的后腿，坚持到工地上掀石头，见乡亲们累了，还要唱上几首山歌给大家解闷逗乐。许多妇女也上了工地，同男人一样抢二锤，打钢钎，抬石头。在苦干中爱编笑话的樊哙人称他们是"38（代指妇女）60（代指老人）部队"。

成虎乡原定由男性乡长带队修路，可是女副区长兼成虎乡党委书记杨永清想到女性有细心的优势，坚持自己带队上了工地。那时，她在樊哙乡场上的家成为成虎乡工段的仓库，公公、婆婆、丈夫、儿子全都成了义务搬运工。因劳累过度，杨永清病倒了，仍然硬撑着，晚上躺下输液，白天照样上路。由于长时间带病喊叫指挥损伤了声带，她原本清脆的嗓音至今仍然嘶哑。

三墩乡龙洞村村主任、共产党员刘光厚，积劳成疾，累死在村道上。1990 年他带领群众修由村到乡的机耕道，凭着几十把锄头挖了两年，修了 5 公里。1997 年他又带队修新城开路，刚从城开路上凯旋，又领着热情高涨的队伍挺进未完的村道。5 月 27 日，这个被赞为当代愚公的村干部，在工地上连吐了三口鲜血，便离开了人世。

无数催人泪下的故事，化着英雄交响曲，永远在樊哙的公路上回响。出身土家族、在工地上穿烂了 6 双胶鞋、3 次遇险的时任区委书记张国述，神色凝重，胸中翻腾无限感慨，口里重复着一句话："我至今也不明白，这路是咋个修出来的！"

实现多年的"公路梦"，是樊哙人走出大山、寻求发展的一大步，虽然对樊哙镇人来说代价太沉重，但这艰难的一步毕竟是一次历史性跨越。新城开公路胜利竣工，得到了上级的高度评价，《通川日报》（现为《达州日报》）连续三天，头版报道了樊哙人修路的先进事迹，时任四川省委书记的谢世杰赞誉为"自力更生、艰苦奋

◆ 樊哙片区路　王顺模摄

斗、勇于开拓、无私奉献"的樊哙精神。《四川日报》评论员文章还称："樊哙精神是兴川精神在贫困地区的成功实践。"通讯《敢问雄关动地歌》被《时代潮》杂志收录到《中华创业者》一书中。

樊哙镇修路的故事，在宣汉比比皆是。党员干部带领人民群众一寸一寸地凿开坚硬的石头，硬是在深山沟壑中开路架桥，把一个个封闭的村庄与外面的世界联通起来。

1998 年 6 月，已经当选为政协第九届全国委员会副主席的杨汝岱再次来到宣汉县樊哙镇。当他看到樊哙的道路修通了，人们衣着更加漂亮了，住房更加整洁了，老百姓的生活更加富裕了，杨汝岱十分高兴，连连称赞，而且主动提出要在当地老百姓家吃一顿家常饭。

1998 年 9 月，樊哙区委区公所再次号召"再鼓干劲，再挤囊腋，咬住下巴，修通辖区内最后两条乡道公路。"在县委县政府的大力支持下，全区 8 个乡捆在一起，向樊（哙）成（虎）、龙（泉）自（由）两条乡道路开战。为此，区乡干部再次带头捐资。群众中有的卖掉年猪，有的吃稀饭卖掉口粮，有的到银行贷款，有的变卖嫁妆，有的推迟婚期……到 1999 年底，总长 18 公里的两条乡道公路胜利竣工。由此，巴山大峡谷片区实现了乡乡通公路。

漆树土家族乡朝阳村，地处川渝交界的灵官庙南麓，生存环境十分恶劣。1999 年 2 月，村"两委"在没有一分钱的情况下，组织村民修村道路。时任支部书记胡世现白天在公路上，晚上到院坝开会，几乎两个月不回家。三社村民覃永久，将年猪只吃一半，另一半卖了购炸药。大多数村民中午都是吃干粮、冷饭。离工地远的，就借住岩洞、树脚下。一张胶纸当床单，一堆柴火取暖，过夜后第二天又继续干。经 40 天的苦战，修成了 3 公里盘山公路。经过连续奋战，直到 2014 年，海拔 2271 米的灵官庙山麓迎来了汽车的长鸣。

渡口土家族乡最边远的甜竹、风槽两村，与万源市井溪、固军接壤。2000 年，乡党委政府组织两村投工投劳投钱，自力更生，修通了接碑垭口，经天生桥到冷风槽，入甜竹村的 12 公里村路。

2005 年，龙泉土家族乡罗盘村，仅 800 多人口，人均投资 7000 多元，修通了总长 100 公里的村社公路，不但实现了户户通，而且修通了生产便道。

2010 年，龙泉土家族乡黄连村，在雄关陡岩中，修通了长 8 公里的盘山水泥公路，直连"土家山寨"。

在国家的扶持下，从 2003 年到 2014 年，樊（哙）三（墩）路、三（墩）漆（树）路、樊（哙）石（铁）路先后硬化为水泥路。2014 年底，南（坝）樊（哙）路实现油化。2018 年 8 月，通往巴山大峡谷的达陕高速新华互通、渡口乡快速通道实现初通。由此，巴山大峡谷片区形成了"北接城口，东连开州，西通万源，南抵宣达"的四通八达的交通网络。至此，与世隔绝的大峡谷土家人在宽阔的坦途上迎接现代文明。

十八大以来脱贫攻坚小步快跑

党的十八大以来，党中央高度重视扶贫开发工作，明确全党要把扶贫开发作为事关全面建成小康社会、实现第一个百年奋斗目标的一项重大战略任务来抓。党的十八大闭幕后不久，习近平总书记来到革命老区河北省阜平县，进村入户看真贫，提出了科学扶贫、内源扶贫等重要思想。2013 年 11 月，习近平总书记来湖南省湘西州考察扶贫开发，提出"扶贫要实事求是，因地制宜。要精准扶贫，切忌喊口号，也不要定好高骛远目标。"同年 12 月，在中央农村工作会议上，习近平总书记强调"要坚持不懈推进扶贫开发，实行精准扶贫"。在党中央领导下，在四川省委、达州市委的直接指挥下，宣汉县委推动精准脱贫的工作开始跨越最后的高峰，向县域内最后的贫困顽疾开战。

由于县情特殊和脱贫攻坚任务繁重，宣汉县紧紧围绕"建成繁荣美丽新宣汉"总体目标，大力实施兴工强县、开发扶贫、全域旅游"三大战略"，强力推进县城、南坝和普光经济开发区、巴山大峡谷旅游扶贫开发片区"双核双区"，推动县域经济社会发展迈上了新台阶，为全县的脱贫攻坚奠定了坚实基础。

一个地方要发展，只有增强县域经济实力才有能力带动县域脱贫攻坚。在推进脱贫攻坚进程中，宣汉县始终坚持精准脱贫与区域开发同步推进，以区域开发带动整体脱贫，以区域大开发、大项目带动脱贫、巩固脱贫，实现可持续增收致富。宣汉县重点推进普光经济开发区建设，在天然气开发基础上做足天然气资源的转化和利用，做实天然气、硫黄的优惠价格和电价优惠政策两个比较优势，全力打造高科技园区——微玻纤新材料产业园。紧盯微玻纤市场，把全国最强的科研实力南京玻璃纤维研究院、最大的生产企业正原微玻纤、用量最大的微玻纤企业苏州维艾普"三个最"引进来，使得整个玻纤产业园发展得很快，创税占了县属工业的三分之二。以普光气田工业开发带动整个工业园区发展，以工业园区发展带动区域的脱贫攻坚，就是大项目带动大区域的开发。

在推进脱贫攻坚工作中，按照总揽全局、协调各方原则，宣汉县委制定了全县脱贫攻坚路线图，确立先难后易的工作思路。面对广大东北部山区贫困程度深，但旅游资源十分丰富的实际，大力实施"旅游扶贫"战略，重点布局实施巴山大峡谷旅游扶贫项目，攻占脱贫任务最重的"山头"，端掉贫困的"老巢"，真正以大保护带动大发展，持续巩固脱贫。始终坚持高起点规划，定位建成国家5A级景区，举全县之力强力推进，用3年时间实现由蓝图变为现实，2018年8月28日开门迎客。经初步统计，景区将带动片区64个贫困村2万贫困人口脱贫，辐射带动周边166个贫困村7万贫困人口增收致富，实现230个贫困村9万贫困人口脱贫，占全县总贫困人口的一半。同步推进毛坝、红峰、庆云、茶河等宣汉的边界区域脱贫攻坚，在产业示范基地、公路建设等方面给予很大倾斜。全县村道公路已经全覆盖，正在努力实现社社通路联网。只要把最难的硬骨头啃下来，用2019年一年的时间来查漏补缺，宣汉完全能打赢脱贫攻坚战。

宣汉县抓住发展产业这个核心关键，出台工商资本进农村激励政策，引进龙头企业参与农业农村发展，带动当地农民增收。着力培育新型农业经营主体，大力实施"能人培育计划"，为每个贫困村培养至少两个明白人，带动村民搞发展。同时，全面发展专业合作社，全面提升农民组织化水平，只有这样才能真正让农村变美、农业增效、农民增收。抓住就业增收这个最终目的，借助县内国家重点职业教育优势抓好培训，让农民参加实用技术培训，通过普光、柳池工业园区、巴山大峡谷景区实现就近就地就业。抓实劳务输出与人才回引，宣汉有 40 万人长年在外务工，通过打工带资本、技术回来，再反馈家乡，实现二次创业。

扶贫必扶智，让贫困地区的孩子们接受良好教育，是扶贫开发的重要任务，也是阻断贫困代际传递的重要途径。宣汉县抓住教育阻断代际贫困这个长远根本，2016—2018 年连续 3 年本科上线 11988 人，重本上线 3487 人，考入国家 211、985 工程重点大学 1792 人，其中考入北京大学、清华大学 28 人，全县本科上线率达 55%，95% 以上的大学生家庭至少毕业或毕业一定时间后能够脱贫。

打赢脱贫攻坚战，不仅物质上脱贫，精神上也必须脱贫。宣汉大力实施"广厦行动"，改造全县农村 14 万户、1890 万平方米的土坯房、危旧房，面积相当于现在的县城面积，按现有开发量计算相当于县城 25 年的建设量，预计 2020 年全部完成后，宣汉的基础设施将有脱胎换骨的变化，农村产业有一定的支撑，农民住房全面改造，农村千年的陋习开始改变。推进"精神脱贫"计划，一方面推进农村住房改造、农村环境整治，改变陈规陋习；另一方面，抓住精神脱贫这个内生动力，从农民教化方面抓起来。扎实开展"诚信·守法·感恩"为主要内容的公民思想道德活动，每年腊月二十向 80% 的道德模范户颁发灯笼。通过 80% 的模范户门前"大红灯笼高高挂"，有效激励引导 20% 的群众"自知不足争灯笼"，持续巩固先进包围后进、激励后进的良好态势，以此唤起群众道德意识，为教育和引导创造有利条件。

一支有能力、有尊严的基层干部队伍对抓农村治理、脱贫攻坚非常重要。目前的中国农村，最大的问题是基层干部没有公信力，没有权威。宣汉县坚持既要让干部受约束，也要让他们有尊严。在推进脱贫攻坚的过程中，县委大幅度提高干部待遇，退下来、离职村干部待遇按全市最高标准执行，村党支部书记按照省委、省政府的最高标准执行。县财政预算 1000 万元专项考核资金，通过考核方式提高在职村干部的待遇，优秀村组织可获得 3 万元，让基层干部有尊严地工作和生活，着力打造一支中坚力量冲在脱贫攻坚第一线。同时，结合扫黑除恶等活动，坚决惩恶扬善，打击歪风邪气，给基层组织立权威，给基层干部撑腰壮胆，充分调动积极性，让管理者有效实施基层治理。

——2014 年，按照中央、省、市部署，宣汉县开展了长达半年的精准识别、统计、校正等系列工作，省、市最终确认宣汉县贫困村 211 个、贫困人口 58521 户 20.94 万人，贫困发生率为 19.21％；当年减贫 8105 户 29784 人，贫困人口下降到 50416 户 17.96 万人，贫困发生率降到 16.47%。

——2015 年，精准减贫 9741 户 36117 人，贫困人口下降到 40675 户 14.34 万人，贫困发生率下降到 13.16%。

——2016 年，贫困村退出 55 个、精准减贫 11244 户 40153 人，贫困人口下降到 29431 户 10.33 万人，贫困发生率下降到 9.4%。

——2017 年，贫困村退出 65 个、精准减贫 11145 户 38629 人，贫困人口下降到 18588 户 6.118 万人，贫困发生率下降到 5.6%。截至 2017 年底，全县共有 120 个贫困村退出、14.822 万贫困人口脱贫，贫困人口减少到 6.118 万人，贫困发生率降至 5.6%。

——2018 年，计划脱贫摘帽 74 个村、精准减贫 4.5227 万人。到 2018 年底，贫困村减少到 17 个、贫困人口减少到 1.5953 万人。

——2019 年，所有贫困村、贫困人口全部脱贫，全县实现"摘帽"。

——2020 年，全面消除绝对贫困，全县农民人均纯收入比 2010 年翻一番以上，贫困群众普遍住上好房子、过上好日子、养成好习惯、形成好风气。

2017 年底的统计数据显示：全县 61180 人贫困人口中，女性有 27430 人，占比 44.83%；少数民族人数为 3144 人，占比 5.14%；持证残疾人数为 4848 人，占比 7.92%；长期慢性病患者 12352 人，占比 20.19%；患大病贫困人员 1920 人，占比 3.14%。

——根据贫困户属性分类，一般贫困人口为 33275 人，占比 54.39%；低保和五保贫困人口为 27905 人，占比 45.61%。

——根据贫困人口文化程度分类，小学及以下学历 27703 人，占比 59.74%；高中及以上学历 1472 人，占比 3.17%。

——根据贫困人口劳动力状况分类，普通劳动力 31894 人，占比 52.13%；技能劳动力仅 166 人，占比 0.27%；丧失劳动力 1146 人，占比 1.87%；无劳动力 27974 人，占比 45.72%。

宣汉县现有的 18588 户贫困户，主要有以下几种致贫原因：

宣汉县贫困人口致贫原因

致贫原因	贫困户数	约占全县贫困户数比
因病致贫	8383 户	45.10%
因残致贫	1859 户	10.00%
因学致贫	920 户	4.95%
因灾致贫	253 户	1.36%

续表

致贫原因	贫困户数	约占全县贫困户数比
缺技术致贫	3001 户	16.14%
缺劳动力致贫	838 户	4.51%
缺资金致贫	2627 户	14.13%
缺土地、缺水、交通落后、自身发展动力不足等因素致贫	707 户	3.81%

随着脱贫攻坚工作的深入推进，非贫困村存在发展不平衡、贫困村和非贫困村中非贫困户存在心态不平衡。这"两个不平衡"问题拉响了脱贫攻坚新警报，一旦处理不当，会使脱贫成效大打折扣，产生消极影响。宣汉县高度重视"两个不平衡"问题，采取相应的应对措施：

注入资金解决关键问题。2016 年以来，全县充分利用财政专项扶贫资金、"金土地"工程、产业扶持周转金等政策资源，在保证年度脱贫村、脱贫户发展的基础上，为每个非贫困村注入资金100 万元以上，解决路或水等最紧迫的关键问题。利用产业扶持周转金，户均 5000 元以上支持有意愿发展小规模的种养项目，让非贫困户得到有效扶持。同时，同步保障非贫困户家庭医疗救助和子女就学资助。从 2018 年起，每年为非贫困村平均安排 100 万元发展资金，补齐非贫困村的发展短板。

全覆盖实施"广厦行动"。2017 年以来，在全县范围内以彻底消除农村危旧房、土坯房等为重点，广泛实施"广厦行动"，力争3 年时间消除全县 14 万余户农村危房、土坯房和泥夹墙房，全面改善农村面貌。

诚信教育引领新风尚。2016年以来，坚持"德治、自治、法治"同步，以净化农村陈规陋习、弘扬新风正气为着力点，在全县广泛开展"诚信·守法·感恩"公民思想道德教育活动，塑造了下八镇符纯珍等一大批尊老爱老好媳妇模范，2016—2017年评选出思想道德建设先进村144个、思想道德建设模范户8万余户，涌现出省市"扶贫好人"、脱贫光荣户等先进典型，创建了一批省市"四好村"，真正形成"比学赶帮超"脱贫攻坚浓厚氛围。

拓宽渠道抓就业。围绕解决贫困和非贫困群众脱贫致富"无一技之长"问题，积极开展实用技能培训，针对性开展产业扶贫等专项技能培训87期9000余人，培育"双带"能人公司55个，带动形成大众创业万众创新的良好局面。仅2018年春节前夕，县总工会、县扶贫移民局、县人社局、县就业局等牵头邀请县内外100家企业进场，分别在清溪、柳池、天生、南坝、双河、东乡等6个乡镇召开以"走进新时代、温暖回家路"为主题的招聘会7场，向贫困和非贫困对象提供就业岗位3000个以上。

"县委是脱贫攻坚的一线指挥部，县委主要负责同志自然是这个指挥部的总指挥。脱贫攻坚是一个系统工程，哪里需要重点突破、哪里需要补短板，路线图的目标能否按时完成，每攻克一个障碍和堡垒将会面对那些挑战，等等，所有这些问题，县委书记和几大班子主要领导人必须心中有数。"这是我们在调研中，宣汉县委主要领导经常给我们表达的一个观点。从这段谈话可以看出，一个县脱贫工作（任何工作都是如此）的难度、精度、进度、深度、广度，取决于县委的号召力、凝聚力、领导力，取决于在县委领导下形成的几大班子的战斗力，更取决于在各级党组织领导下形成的全部党员干部和群众的合力，如此，就能汇聚成推进脱贫工作的不竭动力。

　　1947年5月，华东野战军在山东临沂围堵国民党军队七十四师时，一队解放军战士需要过河，当时全村只剩下妇女，全体男人都在做后勤保障工作。于是，一位名叫李桂芳的妇救会会长带头跳入冰冷的河水，全村妇女也跟着跳入河水，用房门作为桥板，用肩膀作为桥墩，硬是在冰冷的河水上架起了一座人桥。路过的解放军战士看不下去，不愿意过河，李桂芳对解放军战士大吼一声要求他们快过河，于是全体解放军战士在指挥员的要求下"小步快跑"渡过了河，按时到达了上级要求的集结地。这是我第一次查阅到"小步快跑"一词的出处，从此，我对这个词情有独钟。解决中国的各种难题，其最佳状态莫过于"小步快跑"，用"小步快跑"这四个字来描述宣汉县2014年以来的精准扶贫、精准脱贫工作，再合适不过了。

第二章　敢叫穷貌换新颜

　　要想富，先修路。不能解决脚下之路，就难以解决致富之路。对于党的各级组织和党员干部来说，千百条便捷的交通道路有利于拉近党群、干群距离，拉近宣汉县委与最边陲的山区群众的距离，达到"党通过千万条线索和人民群众联系起来"的同心圆效果；对于身居边远闭塞地区的农民来说，交通是能将生产生活纳入外面的世界、纳入市场经济的唯一手段，有了便捷的交通，农民能够观察外面的世界，自然会开阔眼界，产生更多致富思路。近年，宣汉县推行全县大交通，修通了全县最偏远村庄的连心路；集中力量打通巴山大峡谷辖区的交通，把美丽生态变成聚宝盆；把路通和网通结合起来，让农民在家里就可以办网点，通过物流把农产品直接卖到大城市。

　　如何使旧貌换新颜？宣汉着力在"修"字上下功夫。很多地方都在"修路"，但"修"的含义却大不相同。在平原地区，修路的主要工作是铺路，勘测到位、地基打牢，一层一层铺起来，水平方向推进就很快。在山区、河谷遍布的宣汉，路是一米一米"修"出来的。组织使力量成倍增强，基层党组织和党员干部把农民组织起来，在悬崖峭壁边打洞炸石，在滔滔江水上立桩架桥，在崇山峻岭间凿洞修隧，山石坚硬、江水汹涌、山岭绵长，大机器进不了场，就靠绳索、锤子、炸药，男女老少齐上阵，在几无立足之地的恶劣自然环境中活生生开凿出一条道路来，不得不说是一项人间奇迹。

新时代的"愚公"

1945 年，在党的七大上，毛泽东同志讲了愚公移山的故事，号召全党同志和全国人民下定决心，不怕牺牲，排除万难，去争取胜利，为建立新中国吹响号角。十多年后，为摘掉贫油国的帽子，以王进喜为代表的中国石油工人喊出了"有条件要上，没有条件创造条件也要上"的时代号角，激励几代中国人自力更生艰苦创业，取得了前进道路上一个又一个新胜利。

宣汉县最北端有个罗盘村，是土家族聚居地，距离龙泉场镇20 多公里，距离县城也有 170 多公里，全村平均海拔超过 2000 米，自然条件恶劣，物资匮乏。久居山上的人们，要想走下大山，或者哪怕是走到大山的另一侧，都要循山上下，费时耗力不说，稍有不慎还可能坠落山涧。过去，罗盘村不通电、不通路，人均年收入不足 1000 元，是宣汉县有名的贫困村、落后村。"住的是茅草棚，穿的是破棉袄，啃的是洋芋坨，睡的是苞谷壳"，这句顺口溜是当时罗盘村最真实的写照。

罗盘村所处地带是典型的喀斯特地貌，几乎全是坚硬的岩石。在当时没有项目资金扶持、没有现代机械设备的情况下，村党支部

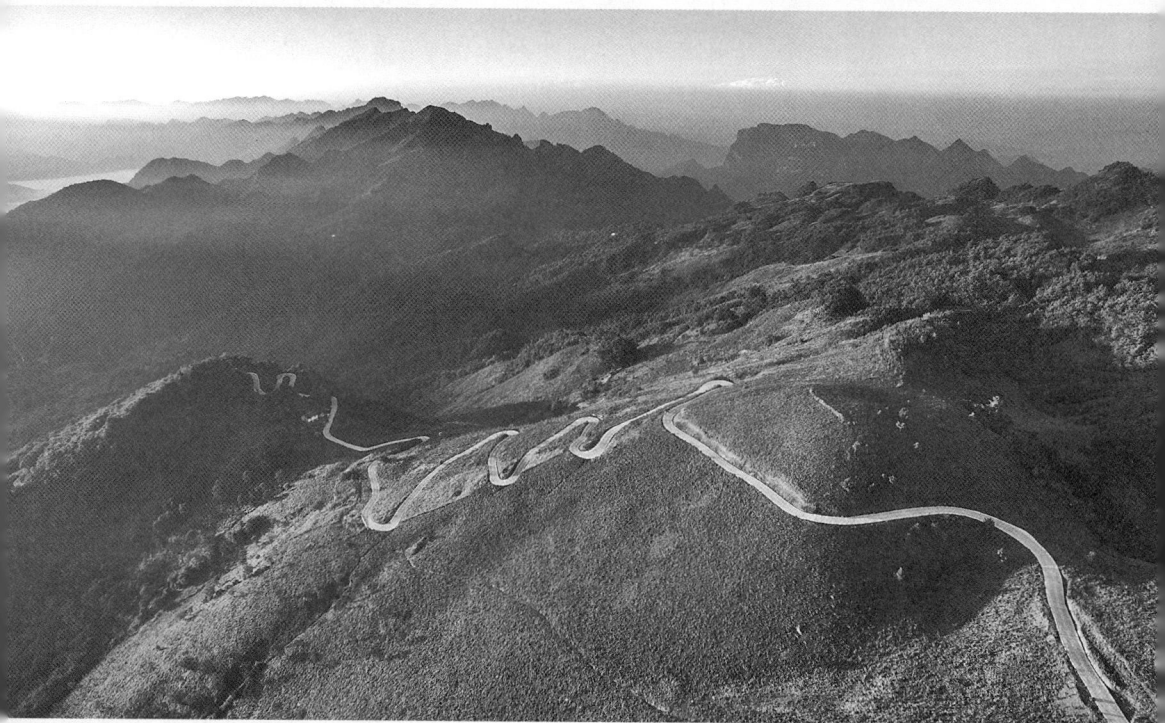

◆ 罗盘顶公路　航拍四川提供

书记李永太下决心要带领村民在悬崖绝壁上凿出一条通天坦途来，一些村民认为他疯了。"我不在意别人怎么说我，为了乡亲们过上好日子，只要有百分之一的希望，我就付出百分之百的努力去做。"李永太说。

没有资金，他便从自家开始挨家挨户做思想工作来筹集，妻子率先将家里的三头肥猪和一头牛拉去卖了捐出 1 万元，村里的其他党员干部和群众也纷纷卖猪卖牛捐款。没有设备，他就和村民一道抡大锤、凿山石、挖土方、扛水泥，一锤一锤在悬崖上打炮眼，一铲一铲在半山腰撬石块。那段时间，他不仅要和乡亲们一道在工地上修路，还要负责勘测设计、物资采购、施工监理等一大堆工作，每项工作都冲在最前面。家里全靠妻子一人支撑，80 多岁的老母亲生病住院时，他都没能去看一次。

经过一年多的努力，一条宽 4.5 米、长 8.3 公里的通村公路终于从山脚修到了海拔 2000 米的罗盘村山顶。接着又修通了连社、连户路，在全县率先实现了户户通公路，彻底改变了乡亲们肩挑背磨的历史，全村百姓都为他竖起了大拇指。到罗盘村采访的《四川日报》记者说："一个村，在没有项目、机械和技术人员的情况下，靠人工在高山绝壁上修通近 100 公里公路，这完全是一个奇迹。"

修好路，只是第一步，如何带领乡亲致富才是根本目标。李永太把目光瞄向了本地的野生中药材。

罗盘村虽然地上无厂、地下无矿，山上却有很多野生中药材。既然有野生的，可不可以在人工种植上来做点文章呢？为了验证这个想法，李永太带上土壤标本专门去成都请教省农科院的专家。经过化验，罗盘村的土壤含有丰富的腐殖层，非常适合种植中药材。

从那以后，李永太便开始试种。由于不懂技术，试种的中药材产量一直上不去。为了提高产量，2009年他又自费到湖北、云南等地学习种植技术。功夫不负有心人，当年种植的6亩药材，收入就达到2万元。此后，他通过免费提供种子、技术等激励措施，开始在全村推广种植。

在李永太的带领下，罗盘村的中药材种植规模不断扩大，相继成立了宣汉县山归源专业合作社、宣汉县百里峡中药材有限公司。2013年，全村221户村民共种植中药材3万余亩，纯利润达到550余万元，人均纯收入突破8500元；现在，纯利润达到650万元，人均收入近万元，一跃成为远近闻名的富裕村。

罗盘村山高路远，群众吃水只能靠挖水窖蓄水度日，遇到干旱，要跑好几公里路去山脚下挑水，由于喝了不卫生的水，很多群众都患有肠道疾病。为了解决吃水难题，李永太多次到县水务部门协调项目，资金不足就自己垫上。通过分批分步实施饮水工程，罗盘村家家户户吃上了自来水。"吃水不忘挖井人，李书记的大恩大德我们一直牢记在心！"86岁的谷必万大爷常把这句话挂在嘴边。李永太却说："我们要感谢国家的好政策，县上正聚力脱贫攻坚大突破，我们不仅能喝上干净的水，以后还能过上更好的小康生活呢！"李永太以实际行动赢得了群众的信任，拉近了党组织和群众的距离，他和我们从罗盘顶往下走，一路上遇到的群众都会停车来和他打招呼攀谈几句。我们在其他乡镇调研，一提到罗盘村，人家也竖起大拇指说："李永太是个好人，别看他话不多，办事公道，是好书记。"

如果说李永太为群众修通了走出大山的致富路，庙安乡的姚文太，就是为群众开通了一条"拔穷根、摘穷帽"的新思路。

姚文太曾是宣汉县烟草公司小有名气的技术员，当过君塘片区的组长，拥有人人羡慕的"金饭碗"。作为土生土长的八庙村人，他目睹了群众思想技术落后，生活艰辛的真实场景。"骑着摩托当耕田、看到小车当过年（见不到小车，很稀奇）、农副产品烂在田、干部群众苦难言"是对过去八庙村的真实写照。为改变这种贫穷落后的面貌，1997 年 3 月姚文太毅然辞职回家当上了支部书记。因为这样，老父亲要与他断绝父子关系，结发妻子不依不饶，所有亲朋好友都摇头叹息，但他硬是坚持了下来。

当上村党支部书记后，姚文太深知，群众期盼最强烈的就是修一条出村的道路。他便开始规划了急需修筑的 20 余公里村组道路，仅修毛路就要花费 200 多万元。面对巨大的资金窟窿，他卖掉耕牛带头捐款，引领干部群众集资达 100 余万元。他率领全村老少连续奋战 20 个月，建成泥结碎石路 25 公里，一年后又全部进行了硬化。2011 年 10 月，达州市农村公路建设现场会在八庙村召开。"我儿子是好样的，当时我们都还不理解他，真是苦了他了。感谢现在的脱贫奔康好政策，让我这把老骨头还有机会走上这平坦的水泥大道。"姚文太的父亲在现场会上激动地说。

2000 年初，姚文太和几名党员带头试种了秋番茄、脆甜柿、草莓、西瓜、脆红李等，在试种 3 年间，仅外出考察和引种，他个人投资就不下 5 万元，终于找到了既适宜种植又效益可观的产业——脆红李。经过 10 多年的引导和扶持，脆红李成为八庙村的支柱产业、成了村民的"摇钱树"。

如何拓宽销售渠道呢？依托农民夜校平台，姚文太邀请农村电商教师来村讲授农用物资代购、农特产品代售等电商服务操作流程,手把手进行实践操作,有效将电商平台与农民、农特产品联系起来,不断增强农民推动本土化产品宣传和营销的能力水平。

八庙村全村 580 户村民种植脆红李 3000 余亩,2016 年人均收入突破 1.5 万元,年收入超过 10 万元的大户有 20 多户,实现了从贫困村到小康村的华丽转身。当地老百姓嘴边时常挂着两句话:"一亩果园十亩田,轻轻松松挣万元。"、"千元树万元田,农民夜校莫等闲!"八庙村的发展先后得到了民建中央副主席、全国人大常委会委员张少琴,原四川省委常委、省委农工委主任李昌平等各级领导的充分肯定。

"县上推行以县委党校为中心、10 个中心场镇'镇村干校'为补充、492 个行政村'农民夜校'为基础的'1+10+N'三级培训新模式,点亮了我们心灯,更照亮了我们过上好日子的梦想啊。"姚文太在农民夜校课堂上对群众说。

姚文太瞄准困难群众,在八庙村推行"干群结对认亲"。将全村 580 户村民与 53 名干部、党员结成对子,通过发放"认亲卡"、在果树上悬挂"帮扶牌"等形式,为群众排忧解难。同时,实行党员干部服务群众"日记制",全村 53 名党员干部人手一本《服务群众记录簿》,由村党员干部本人每天如实记录服务群众情况,每周利用支部集体活动时间,对记录情况进行审阅。困难老党员苏光模、特困户姚洪安、空巢老人黄明功、残疾人黄孝胜等就是他经常关心帮助的对象。缺乏技术,不懂管理,就手把手地教;没有树苗,没有劳力,就把服务送到家门口。"支书是个大好人,我们把他当亲人。"群众时常这样说。

大家好才是真正好，大家富才是真正富。姚文太带领党员干部，发动先富起来的群众在果园中建设新农村、微田园、小花园，全村80%的群众住上了舒适的乡村别墅，还有10多户村民办起了农家乐。如今，他正带领2200余名八庙村民朝着更美好的道路前进，积极探索"全域旅游＋开发扶贫"新路子，大力发展乡村旅游，壮大特色产业，誓把山区变景区，真正建成幸福花果山。

正如庙安乡脱贫攻坚"三字经"所记载的，原来的庙安乡是"没水吃，愁断肠。路不通，生迷茫。吃不饱，穿不暖。脱贫路，在何方？"如今，"党中央，发令号。精扶贫，干群忙。省市县，同部署。层层抓，人人上。"庙安人努力摆脱贫困，"自己家，自己建。自己事，自己办。拔穷根，摘穷帽。树新风，展新貌。"

巴山大峡谷开门迎客

2013年11月26日，习近平总书记同菏泽市及县区主要负责同志座谈时的讲话中指出："要紧紧扭住发展这个促使贫困地区脱贫致富的第一要务，立足资源、市场、人文旅游等优势，因地制宜找准发展路子。"2013年中共中央办公厅、国务院办公厅印发《关于创新机制扎实推进农村扶贫开发工作的意见》指出："乡村旅游扶贫工作。加强贫困地区旅游资源调查，围绕美丽乡村建设，依托贫困地区优势旅游资源，发挥精品景区的辐射作用，带动农户脱贫致富。统筹考虑贫困地区旅游资源情况，在研究编制全国重点旅游区生态旅游发展规划时，对贫困乡村旅游发展给予重点支持。"

　　然而，旅游扶贫工作最大的瓶颈是现代化的交通，道路不通，绿水青山变不成金山银山。中国地势西高东低，西部是寒冷的高原、戈壁、平原地区，而东部则多山林。虽然自西向东有几条大河，但是像黄河那样的河流基本不能通航，至于陆路交通也是异常的困难。我国台湾地区学者张纯明分析古代中国的交通与国家统一的关系有这样一段描述：

　　　　在国民政府以前，从甘肃到北平要一百多天，新疆、青海需要的时间更要加多。在平汉、陇海、津浦等铁道没有建筑以前，就是从湘鄂陕苏赣等省到北平也是不容易的事。用兵的困难可想而知。由此推论，就可以知道古代所谓的统一是件很松弛、很渺茫的事……因经济交通的条件不完备，中央对于地方的控制力本来是极其薄弱，一到中央权威稍微降落的时候，野心家就会乘机而起，结果是十余年或数十年的混乱，全国陷于无政府的状态。混乱到一个相当的程度，就是强有力者出，绥靖群雄，建立朝代，于是又可以得到若干年的太平，若干年表面上的统一。如此的转来转去，转了二千多年。①

　　张纯明先生对旧中国的研究展示了一个真实的结论：没有强大的交通，就没有强大的国家能力。英国著名历史学家汤因比指出：交通系统是统一国家赖以生存的首要条件。它不仅是统一国家在其

---

① 张纯明：《中国政治二千年》，当代中国出版社2016年版，第20—21页。

领土上军事指挥的工具，而且也是政治控制的工具。① 在中国广袤的国土上，交通自古以来就成为政治、经济、军事发展的重要因素。放眼四川，自古就有蜀道难，难上于青天之说。要想富，先修路，既要修交通不便之路，也要修思想封闭之路。总之，脱贫奔小康，开路当先，只有修好交通和思想的致富路，才能真正开启建设全面小康、实现乡村振兴的新征程。

宣汉县委的几任书记都扭住了全县扶贫工作的枢纽工程——巴山大峡谷的大开发，即打通片区内的交通，把生态环境这个生产要素真正转变为生产力，把绿水青山转变为金山银山。

巴山大峡谷由"百里峡"更名而来。巴山大峡谷地处宣汉县东北部贫困山区，是全县最边远、最贫困的地区，距县城 120 公里，由龙泉、渡口、三墩、漆树四个土家族乡和樊哙镇组成。过去，巴山大峡谷景区老百姓对外靠走、通讯靠吼，贫困像大雾一样把乡亲们罩在里面。

2014 年，宣汉县委按照"打造一个景区、带动一批产业、活跃一带经济、实现一方脱贫"的原则，一方面加快推进项目建设，一方面引导当地群众发展特色产业、加强人才培养，力争到 2020 年把巴山大峡谷建成"国家旅游扶贫示范区、国家级生态旅游度假区、国家 5A 级景区、川陕渝结合部龙头景区"，实现年接待游客 200 万人次以上、旅游收入 20 亿元以上，带动区域内近 9 万群众共同脱贫奔小康，但前提是打通辖区的交通。

---

① ［英］汤因比：《历史研究》（下），曹未风等译，上海人民出版社 1997 年版，第 25 页。

◆ 巴山大峡谷　张国述摄

截至 2015 年，在历届县委和全县人民的共同努力下，片区内乡道公路共 110 公里，村社公路总里程 1800 公里，其中水泥硬化 400 公里，入户率达 92%。由此，公路交通网络遍布于巴山大峡谷。片区 575.1 平方公里的雄山旷野，万处天堑，齐变通途。一首土家薅草锣鼓歌词概括了片区的交通现状："亘古雄山锁农户，人行险关血麻酥，而今出门是公路，遍布巴山大峡谷。"

随着片区公路交通网络的形成，其资源优势变成了产业优势。在低海拔的产粮地区，以土地流转形式成立的专业合作社，如雨后春笋般诞生。樊哙镇高台村天台寺社，800 亩田地由专业合作社统一经营，成为四川省山区第一个用机械生产的集约化样板。其余地区，根据不同的海拔高度，种植中药材。其基地绝大多数以专业合作社模式进行生产经营。据初步统计，片区 500 亩以上的专业合作社达 18 个。龙泉土家族乡罗盘村成立了中药材种植公司，药材面积达 3 万亩。在海拔 900—2260 米的不同高度，分别种植厚朴、云木香、天麻、重楼等二十多种药材，产品销往河北安国、成都五块石、山东濠州等地。2015 年，全村药材总产值达 640 万元，人均收入 8000 元。目前，全乡云木香年产量已达 800 吨，占全国总产量的十分之一。

随着横截峡谷大河的土溪口水库和连接达陕高速的快速通道的建成，与神农架、张家界形成中国旅游"金三角"的巴山大峡谷，一展原始真容，镶嵌在中国的旅游地图上。游客可以观赏"娘娘庙"、"将军坪"的西汉古迹，体验民族文化底蕴丰厚的土家风情，漫游原始生态的"桃溪胜景"，欣赏高峡平湖的湛蓝碧波，感怀刀锋绝壁的鬼斧神工，韵叹千姿百态的福地洞天，聆听泉帘瀑布的爽心神韵。农、药产品源源不断地运往宣汉、重庆、成都等地，各乡场镇规模扩大 10 倍以上，樊哙、渡口等场镇商贾云集，车水马龙，呈现出一派欣欣向荣的繁荣景象。这一切，公路交通起到了桥梁和杠杆作用，它承载着土家人的梦想，走出大山，奔向小康。

2016 年 1 月 12 日，巴山大峡谷旅游扶贫综合开发项目开工仪式在渡口土家族乡长路河坝举行。事实上，巴山大峡谷景区 2016 年 10 月获评为国家 4A 景区后，不到半年时间就暂停对外开放，并斥资超百亿元实施全面提升，这究竟是什么原因？

对此，宣汉县委给出了明确答案："新形势下，我们要把发展旅游产业作为转方式、调结构、促发展、惠民生的主攻方向，让旅游业成为县域经济转型升级的重要抓手和老百姓脱贫奔康的全新引擎。在此过程中，巴山大峡谷正是引领我县旅游业全面提档升级的'头号工程'。"

为了走好这条路，宣汉县委、县政府坚持旅游扶贫与生态保护相结合，在对资源禀赋和市场潜力反复论证的基础上，高点站位、科学规划，高标准、高起点编制完成《巴山大峡谷景区旅游总体规划》、《巴山大峡谷景区桃溪谷景观设计方案》、《巴山大峡谷景区罗盘顶修建性详细规划》、《巴山大峡谷片区民宿发展规划》，定位于建成"国家 5A 级景区、川渝陕结合部龙头景区、国家旅游扶贫示范区"。

景区总体规划面积 575.1 平方公里，其中核心区面积 298.3 平方公里，由溪口湖生态观光区、巴人谷民俗休闲区、罗盘顶养生养心区、桃溪谷体验度假区"四大板块"组成，致力打造中国最大的岭脊峰丛观景平台、中国最适宜的避暑康养胜地、中国南方最大的天然滑雪场、全国巴文化高地"四大品牌"。

道路融通，则民心相通，资源联通。美丽的巴山大峡谷的生态环境，由过去阻碍人民致富的屏障，变成了今天致富的聚宝盆。2015年，宣汉县委开始把旅游扶贫的长远效益与当年脱贫计划有机结合起来，积极探索景区建设与脱贫增收的利益联结机制，取得初步成效。

务工带动脱贫，建立"片区贫困劳动力资源数据库"，结合景区建设项目用工需求，优先吸纳有劳动能力的贫困群众到景区建设务工，实现"一人务工、全家脱贫"。景区建设期间共有70余个建设工地，吸纳2000余名贫困群众务工，人均年增收2.5万元以上。

资源入股带动脱贫，将景区开发区的土地、林地等资源折价入股，景区建成运营前按田600元/亩·年、地400元/亩·年、林地250元/亩·年的标准进行补偿，所涉及的6500余名贫困群众获得人均年固定收益300元以上；景区建成后拿出门票收入的10%按"下要保底、上不封顶"的方式进行分红；景区上市后实行持股分红。

就业帮扶带动脱贫，根据贫困群众年龄结构和就业能力，结合政府设岗、企业供岗需求，有针对性地开展技能培训，帮助贫困群众在家门口就业，把贫困农民变成产业工人。目前，已开展与旅游相关的就业培训87期9100余人次，其中贫困人口2200余人次。

产业联动带动脱贫，实行"旅游+"行动，依托"牛、药、果、茶、菌"五大特色产业和巴山大峡谷土特产品，组织贫困群众发展年产万桶土蜂蜜、千吨老腊肉等旅游商品，拟打造百亩花海16个、千亩果园18个、十万亩药材基地4个，按规划设立商铺摊点，让贫困群众在旅游配套产业中挣钱受益。

经合组织带动脱贫，突出能人和经济合作组织培育，通过能人＋贫困户、能人＋公司＋贫困户、经合组织＋贫困户等方式帮助贫困户脱贫增收。目前，景区已培育能人公司 55 个，经合组织 123 个。同时，强化景区对贫困村集体经济发展的带动作用，每年分配景区收入的 2% 作为村集体经济收入。

随着旅游经济的持续走高，旅游产业正逐渐成为宣汉这个国家级贫困县和革命老区县摆脱贫困、全面奔小康的重要抓手和全新引擎。旅游业为宣汉百姓带来的实惠明明白白看得见。仅 2016 年，宣汉县就通过旅游产业带动脱贫 2.62 万人，当年有近千名群众直接投身景区管理、餐饮经营等，年增收 1 万元以上。

眼见旅游业让不少群众脱了贫，更多宣汉百姓满怀期待。在巴山大峡谷景区内的龙泉土家族乡黄连村，32 幢落成的土家新寨正式接待游客。以新寨为依托，黄连村成立了旅游专业合作社。合作社负责人说："今后，有条件的村民能通过资金入股等方式参与旅游经营和分红，其他人除了能选择在寨子里打工，还能供给牛、羊、鸡、鸭和无公害蔬菜等农产品。"乡干部说："我们的目标是户均一人直接从事旅游业，产业带动覆盖全村。"

巴山大峡谷景区以高海拔山区为主，涉及贫困人口 9 万，是宣汉贫困发生率和返贫率最高的区域，而且景区内的水库工程将搬迁 2500 余人、淹没 8000 余亩土地。要解决该区域群众的脱贫增收和长远生计问题，就必须进行统筹考虑。与此同时，发展全域旅游也需要龙头项目来引领和支撑。巴山大峡谷景区以其绝好的自然生态环境和浓郁的土家民俗风情成为宣汉龙头景区的不二选择。

宣汉县已将巴山大峡谷景区作为繁荣美丽新宣汉建设的第一主战场，巴山大峡谷建设如火如荼：快速通道、景区内环、水利工程、农房改造、风情小镇、游客中心、演艺中心、巴人山寨、土家村落、悬崖栈道等众多基础设施和旅游配套项目都在快速推进中，桃溪谷片区、罗盘顶片区等项目有序推进。目前，巴山大峡谷景区已获得国家地质公园、国家 4A 级旅游景区、省级风景名胜区和自然保护区等多项荣誉，成功入选全国"景区带村"旅游扶贫示范项目。

2018 年 8 月 28 日，巴山大峡谷文旅扶贫景区在国内外宾客的共同见证下正式开门迎客，中国文联文艺志愿服务团在景区开园之际，倾情奉献了以"脱贫攻坚路巴山峡谷情"为主题的大型慰问演出，不仅向全世界宣传了巴山大峡谷、宣传了宣汉，更把宣汉人民矢志脱贫攻坚、向贫困宣战的坚定信心和丰硕成果展现在全世界面前。巴山大峡谷景区分两期建设，总投入超 200 亿元，其中第一期投入 130 亿元，2020 年建成国家 5A 级旅游景区和国家旅游扶贫示范区，实现年接待游客 100 万人次以上、旅游综合收入 20 亿元以上，直接带动巴山大峡谷片区 102 个贫困村、9 万余名贫困人口脱贫，辐射带动周边 21 个乡镇 46 万余人增收致富。

重大项目建设跑出"加速度"

2015 年 3 月 10 日，中共宣汉县委在县委十二届四次全会上，提出了大力实施兴工强县、开发扶贫、全域旅游"三大战略"，强力推进"双核双区"，建设繁荣美丽新宣汉的奋斗目标。

"双核双区"是实施"三大战略"的实践载体和战略支撑。"双核"，即把县城建成达州卫星城市、把南坝建成宣汉副中心；"双区"，即把普光经济开发区建成省级经济开发区、把巴山大峡谷片区建成国家级生态旅游示范区。

优化空间布局，构建"双核"支撑的城镇体系。大力实施县城"三路三片三园"工程，拉大城市骨架，完善城市功能，优化城市环境，把县城建成风光秀美、风貌独特、风情独具的生态魅力城市。加快南坝小城市发展进程，完善城市发展规划，规划建设一批重大基础设施，布局引进一批重点产业项目，推动南坝场镇向城市转变，把南坝建成产业兴旺、功能完善、充满活力的宣汉副中心。

优化产业布局，形成"双区"带动的产业体系。大力推进普光经济开发区建设，升级完善园区服务功能，立足资源开发、做强能源产业，立足产业延伸、发展精细化工，立足要素优势、发展特色工业，立足创新驱动、发展新兴产业。力争通过3—5年努力，全县工业产值达到500亿元，县属工业产值占县域工业的半壁河山，成为全省工业经济强县。大力推进巴山大峡谷片区建设，依托自然风光、发展生态旅游，依托特色农业、推进旅游产品开发，依托民居民俗、传承弘扬土家文化，力争3—5年将其打造成国家5A级景区，通过旅游发展带动9万群众整体脱贫。

把宏伟蓝图变成美好现实，需要一批大项目落地生根。

宣汉县主动对接国家、省、市"十三五"规划，围绕县情和既定发展思路，高水平布局了一批带动能力强、事关长远发展的重大项目。工业上，以普光经济开发区为龙头，布局实施了微玻纤新材料产业园等一批重大项目，全力打造全国天然气能源化工、微玻纤新材料、合金建材生产基地。开发扶贫上，围绕省市扶贫重点规划，编制完成2016—2020年17个扶贫专项规划方案，规划项目118个，总投资405亿元。旅游上，以巴山大峡谷旅游扶贫综合开发项目为龙头，布局了1个5A、3个4A和15个3A级景区，着力构建"一区多点"的全域旅游格局。

宣汉县始终坚持把项目建设作为加快发展"第一引擎"，把工业园区作为项目建设"第一阵地"，大力开展"项目攻坚年"和"园区形象提升年"活动，咬定目标，铆足干劲，按下"快进键"，重大项目建设跑出"加速度"。2016年，巴山大峡谷旅游扶贫综合开发和微玻纤新材料产业园纳入全省100个重点推进项目。2017年，园区入园企业达65家，主营业务收入超400亿元。2018年，巴山大峡谷旅游综合开发项目一期，包括快速通道、新华互通、内环线、渡口风情小镇、桑树坪次入口、罗盘顶和桃溪谷等6个组团134个建设项目大马力推进。微玻纤产业园建设步伐加快，天敏化工二硫化碳项目、亿隆工业废弃物利用项目、恒成钾盐项目、二号干道西延线项目已完成用地征拆，达州普菲玻璃棉项目9月底将竣工投产，1—6月园区累计完成投资3亿元，正式签约入驻企业1家，正在洽谈项目6个，预计年产值可达6亿元。

为快速推进项目建设，宣汉县全面推行"一个重大项目、一名县领导、一个指挥部、一套工作班子、一抓到底"的"五个一"机制，成立巴山大峡谷、玻纤产业园、锂钾综合开发产业园等重大项目指挥部13个，由县"四大家"领导担任项目指挥长，亲自挂帅指挥。严格落实重点项目联席会、片区建设现场推进会等制度，坚持到现场检验工作，一线推进项目，及时协调解决项目落户、开工、建设过程中遇到的困难和问题，强化部门协作，切实形成工作合力；对重大项目建设实行"县领导重点抽查、主管部门全面督查、专项督查组集中督查"三级立体督查机制，严格动态预警管理，切实加大督查力度，有力推动工作落地见效。严格项目责任目标考评，将项目工作考核结果与班子、干部的年度考核挂钩，并作为干部提拔任用的重要依据，落实问责办法，对推进项目不力、进度缓慢的责任单位主要领导进行组织处理，倒逼项目工作高效落实。

宣汉脆李出川了

1986 年，宣汉县被列为国家级贫困县。贫困的主要原因，一是农业基础脆弱，二是农业科技水平低，三是扶贫工作仍存在抓扶贫没有持续用力、扶贫政策不到位等问题，此外扶贫投入不足也是重要原因。① 面对这个局面该怎么办？一方面，修路加快推进；另一方面，改变农业为主的产业结构势在必行。

有了完善的交通路网，还需要现代物流的发展壮大，电商才能真正"触电"、联网、通商，优质的农产品促进农民真正"丰产丰收"。

近年来，宣汉县电商紧紧围绕"精准扶贫"目标，主动适应农

---

① 中共四川省委党史研究室编：《四川老区概览》，成都科技大学出版社 1995 年版，第 261 页。

◆ 宣汉脆李　谢兴双摄影

村经济发展常态，以实施农村电子商务为重要抓手，紧紧围绕产业结构调整升级促进产业结构转型，全力打造"宣汉脆李"品牌，拓展宣汉脆李的销售市场，全县脆李产业稳步提升，实现农户致富增收。如今，仅在庙安乡就有快递公司6家，在青脆李、脆红李、猕猴桃的丰收季，奔波于果园山间，穿梭在城镇乡村，第一时间把最好品质的果子送到千家万户。

2014年5月6日，《人民日报》报道了这样一则消息：在宣汉县委开展的"院坝服务进万家"活动中，县委干部不但帮助脆李种植村修了公路，还联系技术和市场调研人员指导种植户，把脆李照片传到网上，使"庙安李子"成为周边大城市超市里的抢手货。2016年，庙安乡村社干部通过学习电商知识拓展洞子村农产品销售渠道，发动贫困户加入农特产品网销供应链，引领合作社根据网销订单优先采购贫困户的农产品与电商中心建立合作机制，共同发起了历时45天的"洞子村脆李电商扶贫活动"。上线12小时突破1000件，在线销售达3万余斤，间接带动全县脆李销售100万斤，助农增收200万余元。为了体验一番宣汉脆李电商的效率，我们做了一个实验：农户趁着天蒙蒙亮，在果园采摘后马上包装好送快递，第二天下午，我们在北京就已经吃到了皮薄、肉脆、味甘、个大的庙安李子，新鲜度并不亚于随手采摘的口味。而我们需要做的，只是在微信上下单就可以了。相信在不久的将来，宣汉脆李将会更多更快地出现在大江南北的群众餐桌上。

2016年，国务院扶贫办、国家发改委等16部委共同出台了《关于促进电商精准扶贫的指导意见》，将电商扶贫纳入脱贫攻坚总体部署和工作体系，实施电商扶贫工程，推动互联网创新成果与扶贫工作深度融合，为贫困地区摆脱贫困提供了一条新门路。随着宣汉县脆李产业结构不断优化升级，产业规模扩大，逐渐形成完整的脆李产业链。通过"互联网＋合作社＋农户"扶贫模式，与政府、物流企业、合作社和农户相互联动，升级打造"宣汉脆李"品牌，以品牌带产业，以产业促发展，助力宣汉脆李走向更广阔的高端销售市场。通过全民分销的模式，积极整合以往销售脆李的个人网商和有意愿的脆李分销商加入脆李分销大军，讲解脆李分销优惠政策保障分销商的最大利益，共同提升脆李产品知名度及美誉度。通过电商服务中心集聚所有服务资源，为分销商提供统一的货源组织、收购、订单处理、脆李包装等增值服务，严格把控脆李品质、监督脆李的分拣及包装，打造高品质的用户体验，促使线上销售量大幅度提高。据不完全统计，截至2017年9月，全县电商销售脆李约170万斤，通过电商渠道销售的脆李比传统收购果价高出3—4元/斤，助农增收680万余元，有效发挥网商稳定和提升果价的作用。宣汉县电商在淘宝、一亩田、有赞、微商城等网络销售平台开设脆李网店和微店达800余家。与此同时，京东商城、苏宁易购、天虎云商、邮政、融E购等网络大平台也积极响应国家电商扶贫任务，实施网络扶贫计划，开设达州—宣汉特色馆，上架销售宣汉青脆李与脆红李等农特产品，共同助力贫困县农户致富增收。

宣汉县电商服务中心还积极协助省市县等新闻媒体多层面、多角度推介宣汉特色农产品，让宣汉脆李名声远播。

而宣汉脆李能够步入电商模式，有符艳的一份功劳。

符艳出生于柳池镇的一个美丽小山村，是个地地道道的农村姑娘。今年刚满26岁的她，给人的第一印象就是自信成熟，没有丝毫距离感。

2013 年，还在读大三的她就已经开始在一家文化传播公司实习，帮助公司设计、制作对外宣传的资料，把学到的设计理论更多地运用到实践中，操作能力日益提高。因此，大学毕业后的她很顺利地在四川新华电脑学院谋职成功，成为了一名平面设计老师。

2016 年春节，回家陪父母过年的符艳，看到年迈的父母还在家里辛勤劳作。身为独女的她不忍心看着父母过度操劳，希望能为家庭减轻负担，让二老安享晚年。经过几天的深思熟虑，她决定辞去工作陪伴在父母身边。

作为一个接受过高等教育的 90 后，她不再满足于父母传统的小本生意模式，而是思考着怎样利用现代营销模式来开启创业之路。这时她回想起自己大学期间，最受同学们欢迎的礼物——麻辣鲜香冷吃鱼。这个冷吃鱼是由父母亲手捕捞、加工、调味、包装完成。不仅选用的是优质水源孕育着的鲜嫩鱼肉，而且调味料都是精心挑选的辣而不上火、鲜香又入味的原料。而且被冷油浸泡过的冷吃鱼，更容易贮藏。每学期开学带来的一大袋冷吃鱼都被同学们哄抢一空，直到后来仍有不少老同学多次希望符艳能够做成产品销售给他们，不但能满足自己的口腹之欲，还能作为馈赠佳品。

于是，一家专卖冷吃鱼的淘宝小店于 2016 年 7 月正式运营。在同学朋友们的口口相传下，冷吃鱼供不应求，冷吃鱼为符艳开启了创业之路，为她带来了创业的第一桶金。

单一的货源并不能保证店铺的长久运作，因此符艳把目光投向了家乡的农特产品。亲自去农户家收购，陆续在自己的淘宝店铺上架新商品，有富硒土鸡蛋、桃花贡米、中药材以及时令水果。她的店铺规模日益扩大，但困难也接踵而至。

　　首先是成本问题。土鸡蛋的收购价在 0.8 元—1.0 元之间，店铺上架价格为 2.0 元一个。鸡蛋是易碎品，因此包装都是采用专门的泡沫箱避免鸡蛋在运输过程中损坏。但是这种包装成本都在六七元左右，好的包装成本更是达到 10 元之高。由此除去包装、运费，以及部分商品损坏而产生的赔偿费用，辛苦卖出一单能赚取的利润寥寥无几。除了易碎的鸡蛋，时令水果也不例外。比如宣汉特产的青脆李，本身皮薄娇嫩，又成熟于炎炎夏季。即便包装再严密，也会出现大面积损坏。

　　其次是物流运输方面。符艳家地处偏僻的大山深处，路途遥远，联系多家快递公司都不愿意上门取件。因此每次都是符艳用自己家的小货车拉至镇上快递点寄送。这样不仅耗油耗时，而且效率极低，一天下来也发不了几单货。

　　更困难的是营销推广。自身学的专业完全没有涉及电商领域，对于电商知识、电商运作等一窍不通，所以基本上还是采用老客户带新客户的营销模式，无法快速扩大营销面。

　　几个月过去了，店铺的运营陷入了低谷，经济和精神的双重压力差点让符艳放弃创业。天无绝人之路，她从"宣汉新闻"得知，宣汉县正在大力扶持本土化创业扶贫，宣汉电商公共服务中心能为创业者们排忧解难。怀揣着一丝希望的符艳，只身前往宣汉县电商公共服务中心寻求帮助。

　　宣汉电商中心的一体化电商孵化体系让符艳如获至宝，它不仅为个人网商提供长期的免费电商培训课程，而且一对一指导个人网商如何熟悉网销平台的操作流程。在电商中心工作人员的帮助下，她在有赞、微店、一亩田等多家网络销售平台同步上线自家的产品。没用多久，她就能熟练经营自己的多家网店，从老板到店铺经营，从客服到快递包装，都亲力亲为。电商中心的帮扶为符艳创业之路带来翻天覆地的变化。

设计专业出身的符艳对电商进行了精准定位，把自己的店铺装饰得美轮美奂，电商中心的工作人员建议她面向大众，突出自己家乡的特色。无论是秀丽风景，还是农家特色，都要与自己的店铺主题高度契合。符艳一点即通，修改后的店铺以家乡的青山绿水为衬托，再附上琳琅满目的农特产品，以及极具民风的背景音乐，极大地提高了店铺的吸引力。

当了解到符艳运输的不便，电商中心立即考察了当地情况，及时帮助当地建立起村级电商服务站点。该站点不仅能帮助当地村民代购代销农特产品，提供各种互联网便民服务，而且为山村地区解决了物流配送问题。符艳的运输难题迎刃而解。

随着人们生活水平的提高，天然农产品格外让人青睐，但怎样让更多人了解并购买这些优质天然农产品却颇为不易。电商中心建议她认真记录每一种农特产品的生长、采摘到包装的详细过程，用图文并茂的形式向客户呈现出来。为了提高客户的信任度，她定期在自己的固定直播平台向客户们用视频展示农产品的生长历程，并积极开通微信公众号，定时为客户更新产品信息，保留客源。

在电商中心的帮扶下，符艳的店铺迅速提高了知名度。凭借优质的产品、周到的服务、完美的售后，在短短几个月内就升级至钻石店铺，每天的纯利润上千元。对于店铺运营的前景，符艳充满了信心。

　　符艳的成功"触电"，让她在当地声名鹊起，更吸引着众多有志者前来取经。符艳热心和他们分享自己的创业经历，并介绍他们去电商中心寻求帮助，希望他们也能加入电商队伍。在电商中心的引领下，融入到电子商务创业就业的热潮中。

　　符艳相信，在电商中心的带动下，宣汉电商本土化创业前景一片光明。

第三章　筑巢引凤新文章

　　党要通过千万条线索和人民群众联系起来，既要有便捷的交通，也要因地制宜发展产业。党领导贫困地区和农民发展产业，在产业链条上建立党支部，通过市场机制发挥作用，最终壮大农民的产业、壮大集体经济，既"给人民群众看得见的物质福利"，也通过党组织把人民群众组织起来，走向可持续发展之路。

　　当然，要培育农村和农民的产业，需要靠农民自身努力，也离不开外部支持。宣汉县委一方面立足于自身努力，另一方面着力在"引"字上下功夫，努力做好"引进来"这篇大文章，务求"留得住、能致富"。一是引入产业，打造产业航空母舰，建设微玻纤全产业链特色基地、钾锂生产园区，形成上下游、产业链式发展格局，支柱企业、配套企业相衔接，产销企业、物流企业相贯通。二是引进资金，吸引发展源头活水，贫困农户缺少的小额资金，中小企业缺少的创业资金，都借助资金融通得以实现。三是引来新居，建设美好生活家园，改善农户因贫、因灾居住条件，不仅是搬新家、住新房，也是改善贫困地区生活基础设施、改变贫困户安于现状心态、实现乡村旅游致富的重要方法。四是引回乡亲，聚集宝贵人才资源，在外务工经商的乡亲有视野、有意愿、有资金、有技术回乡创业，为宣汉做贡献，是实现先富带动后富的有效形式。"筑巢引凤"的思路，是贫困地区较快摆脱贫困、根治贫困的输血机制，引得好，还会转变为造血机制，从而彻底改变贫困面貌。

全国首个微玻纤全产业链特色基地

2017年6月23日，习近平总书记在深度贫困地区脱贫攻坚座谈会上的讲话中指出，"深度贫困地区要改善经济发展方式，重点发展贫困人口能够受益的产业，如特色农业、劳动密集型的加工业和服务业等。"

《中国农村扶贫开发纲要（2011—2020年）》中指出："培育一批科技型扶贫龙头企业。建立完善符合贫困地区实际的新型科技服务体系，加快科技扶贫示范村和示范户建设。继续选派科技扶贫团、科技副县（市）长和科技副乡（镇）长、科技特派员到重点县工作。"

2015年4月1日，四川省第十二届人民代表大会常务委员会第十五次会议通过的《四川省农村扶贫开发条例》指出："鼓励企业通过到贫困地区投资兴业、招工就业、捐资助贫、捐资助学、技能培训等多种形式，参与村企共建、结对帮扶等扶贫活动，引导企业在资金、项目、人才、技术等方面对贫困地区给予支持。"

宣汉县地处重庆、成都、西安、万州、达州等大中城市交汇的中心地带，是北通陕西、东达湖北的要口，扼襄渝铁路之要冲。距

◆ 普光净化厂　谢兴双摄

达州机场 42 公里，距万州港 120 公里，距重庆江北机场 210 公里。随着川陕高速、达万高速公路相继建设，通江达海的交通网络体系逐步形成，区域交通优势不断凸显。向东，经万州港直抵长江经济带；向南，经包茂高速到北部湾连接海上丝绸之路；向西，经渝新欧国际铁路联运大通道，沟通新丝绸之路经济带。

计划经济时代，宣汉县先后有军工 7105 厂、四川变压器厂、宣汉化肥厂、宣汉植物油厂等老工业企业，但随着时代的步伐，老一代技术和产品逐步淘汰，全县经济增长主要依靠农业，劳动力大量向外输出，经济增长缓慢，百万人口的宣汉县作为"工业弱县"、"财政穷县"的形象一直挥之不去。

2006 年 4 月 3 日，中石化宣布，在川东北地区发现了迄今为止国内规模最大、丰度最高的特大型整装海相气田——普光气田。此消息一出，普光从此出名。亚洲第一、世界第二大天然气净化厂——普光天然气净化厂落户普光镇铜坎村，"川气东送"管道工程首站也定在普光。

与此同时，中石油也在宣汉东部地区大力开发天然气，发现了丰富的天然气资源，全县天然气储量达到 1.5 万亿立方米。而且宣汉矿产、农产品、水电、劳动力资源极为丰富。

两大集团落户宣汉开发天然气，给宣汉带来了空前的机遇。如何化机遇为发展动能？如何拉长"短板"变"跳板"？多少个不眠之夜，多少个"诸葛亮会"，县委、县政府苦苦探索发展工业这一中心课题。

为打造承接产业转移的载体，2008 年，宣汉高端规划了普光经济开发区，由普光工业园、柳池工业园、南坝工业园三大园区组成，规划面积 29.34 平方公里，主要发展天然气硫化工、煤电、冶金、机械、建材、物流和农副产品加工等，重点打造天然气产业集群和铁合金生产基地。其中普光工业园规划面积 6.35 平方公里，依托普光天然气净化厂，重点发展微玻纤新材料、精细化工产业。

2008 年 8 月，四川达州普光经济开发区经省发改委批复成立，从此撒下璀璨的火种，照亮了宣汉昂首阔步的兴工强县之路。园区内一次次项目集中开工的礼炮响彻山川，一幕幕火热的建设施工场景迎面扑来。曾经的土山坳变成了一排排工业厂房，曾经泥泞的土路变成了绿树成荫的宽阔大道。投产企业的车间轰鸣声，建设场地的机械转动声，奏响了普光经济开发区喜获丰收的胜利凯歌。

2010 年，为招引更多的企业落户宣汉，宣汉利用"西博会、渝洽会"等平台，不断推介宣传宣汉。低廉的天然气、电价等优惠的要素保障，投资环境宽松的比较优势，吸引了众多企业抢滩四川达州普光经济开发区投资兴业。

距宣汉 220 公里外的山城重庆，重庆再升科技有限公司致力于发展玻纤产业，需要充足而低廉的天然气。该企业发展过程中，因天然气价格高，气源不足而导致生产发展受限。公司高层一直关注全国各地的天然气开采与利用情况。当他们将目光盯向宣汉时，被宣汉的区位优势、资源优势深深吸引。2010 年 5 月，公司带领团队开启了考察宣汉之旅。

"从达州徐家坝下高速，从罗江到宣汉县城正在修路，公路高低不平，让考察团心里起了波澜。县城到柳池园区，也正在建设快速通道，到处坑坑洼洼，车辆异常难走，更是让考察团心里凉了半截。"刚从四川外国语大学毕业的重庆再升科技有限公司行政助理商月红，作为考察团成员之一，回忆起第一次来宣汉的感受记忆犹新："当时的普光工业园，才刚刚起步，仅修了一条主干道，两家企业落户。园区内到处沟壑纵横，蔬菜、果树、农作物种满田间地头，大量农家小院点缀其间，这样的环境在当时并不看好。"

与商月红有同样想法的不在少数，甚至一名考察团成员抱怨："基础设施不齐全，配套不完善，这哪里是搞工业的地方？"一语激起了千层浪，考察团多数成员心里打起了退堂鼓。

"困难只是暂时的"，陪同的县领导一句话打破僵局，拿出了规划，向客商详细介绍了园区发展规划，并重点介绍了天然气量充足、价格低廉和达陕高速公路即将贯通等优势。

公司决策层力排众议，将新建厂址选在距普光天然气净化厂仅1.5公里名叫沙火滩的地方。从2010年6月开始，商月红从重庆来到宣汉，担任宣汉正原微玻纤有限公司办公室主任，开始筹建工厂。刚开始时，商月红和办公室一名工作人员作为公司的管理人员，多方协调相关部门、乡镇和企业解决征地拆迁、施工许可、生产用气等问题，成天忙得不可开交。

2010年12月，宣汉正原微玻纤有限公司注册成立，注册资本2000万元。2011年3月16日，重庆再升科技发展有限公司控股的宣汉正原微玻纤有限公司微玻纤及VIP芯材一体化建设项目在普光工业园举行开工奠基仪式。该公司计划投资1.2亿元，分两期在普光工业园建成全国最大的微玻纤生产基地，建成后可年产1.2万吨微玻纤离心棉、6000吨微玻纤火焰喷吹棉和5000吨VIP芯材。

2012年4月，工厂火焰棉生产线开始试生产，产品供不应求，让商月红看到了希望。同时让她欣喜的是，达陕高速公路全面贯通，产品可以快捷地运往全国各地。其良好的发展态势拉快了新车间产能上马的进度，2013 年 5 月，第二条、第三条超细玻璃纤维棉生产线建成投产。

2015 年 1 月 22 日，重庆再升科技有限公司在上交所成功上市，作为再升科技全资子公司，正原微玻纤有限公司更是赢得全新的发展空间，响亮提出打造"中国最大的玻璃纤维棉生产基地"发展目标。

2015 年 3 月，宣汉正原微玻纤有限公司启动了二期项目建设，主要生产干法棉，年产能达到 2.5 万吨。2016 年底，公司第三期项目启动建设，目前正在设备调试阶段。公司占地面积 218.5 亩，在职员工 400 人，是国内一家拥有火焰法和离心法技术生产微纤维棉的企业，形成从上游特种玻璃料块到超细玻璃微纤维棉，再到玻璃微纤维棉制品的完整产业链。

公司的发展，极大地解决了当地失地农民和剩余劳动力就业，公司 90％的员工是普光、土主、双河、胡家等园区周边乡镇群众。庹中伟是铜坎村失地农民，以前一直在东北打工。随着父母年迈、子女上学，他希望能回家乡发展，但又害怕在当地找不到工作，一直漂泊在外。2015 年春节返乡，当得知宣汉县正原微玻纤有限公司招收工人的信息时，他抱着试一试的心态去公司应聘，结果成功就业。如今，他已升任为二分厂厂长助理，负责配料、安全环保工作，月收入 5000 多元。"能在家门口找到好就业岗位，真是做梦都没想到。"庹中伟脸上露出灿烂的微笑。

在宣汉正原微玻纤有限公司发展的同时，宣汉县坚持"大配套为园区服务，园区配套为企业服务"的理念，做优普光工业园水、电、气、路等要素保障项目建设，园区吸引力和承载力不断增强。

一木不为林，万木才成春。2018年2月12日，习近平总书记在打好精准脱贫攻坚战座谈会上提出脱贫攻坚中一个亟待解决的难题："产业扶贫是稳定脱贫的根本之策，但现在大部分地区产业扶贫措施比较重视短平快，考虑长期效益、稳定增收不够，很难做到长期有效。如何巩固脱贫成效，实现脱贫效果的可持续性，是打好脱贫攻坚战必须正视和解决好的重要问题。"① 这也是宣汉县一直在思考的问题。招商引资，应该引来产业链，形成企业集群，而不是单一的企业。正原微玻纤的入驻，吸引了上下游企业前来投资兴业，宏浩能源、迈科隆公司等企业也入驻普光工业园，一个玻纤微产业链正在形成，一支产业扶贫的大军驻扎下来了。

乘着新一轮西部大开发、东部产业转移的东风，宣汉县委、县政府追逐兴工强县梦想的脚步，一刻也不停歇，步履铿锵。如果说"工业是宣汉经济的脊梁"，那么工业园区无疑是宣汉工业的"脊髓"。历经几年发展，园区从无到有、从小到大、从弱变强，到2014年底，普光经济开发区已成为川东北重要的财富基地、工业重地。主要经济指标年均增幅达33.8%，园区主营业务收入突破240亿元，解决就业4000余人。

县域工业存在"一气独大"的局面，县属工业比重小。2015年3月10日，宣汉县十二届四次党代会上，县委提出了大力实施"三大战略"，强力推进"双核双区"，推动全县经济社会加快发展、

---

① 中共中央党史和文献研究院编：《习近平扶贫论述摘编》，中央文献出版社2018年版，第83页。

均衡发展，奋力建设繁荣美丽新宣汉的发展目标。

美好发展蓝图渐次实施，一个个机遇接踵而至，一项项改革次第展开，普光工业园走进改革创新发展的快车道。普光工业园区紧邻普光气田生产中心、芭蕉村110KV变电站和达陕高速公路口，具有得天独厚的资源优势和交通优势，园区已有成熟企业宣汉正原微玻纤有限公司，周边双河镇、土主镇、普光镇、胡家镇总人口超13万，辐射老君、黄金、毛坝、大成等多个乡镇，劳动力资源充足。具备多个医院、学校、乡镇市场等完善的生活设施，同时宣汉县作为国家级贫困县、西部大开发地区、秦巴重点发展片区得到国家、省、市多形式、多途径的支援扶持政策。宣汉县面临着如何最大限度利用这种优势，走出一条具有县域特色发展之路的问题。通过反复调研及科研机构专家咨询论证，确定发展全国首个微玻纤新材料生产业链园区。该定位符合国家产业发展重点支持方向，高效过滤、深冷绝热、能源储存、绿色建材、航空交通五大应用领域具有广阔的市场前景。

宣汉县委托南京玻璃纤维研究设计院，正式启动微玻纤产业园发展规划编制工作，2015年11月19日进行了规划的终期评估。据了解，该园区规划面积1500亩，规划目标为年产值100亿元，税收5亿—10亿元，实施期限为2016—2025年，分二期建成。

建设玻纤产业园是推进宣汉经济社会加快发展、均衡发展的新的经济增长点，县委、县政府主要领导一心牵挂着中国（普光）微玻纤新材料产业园建设情况。

2016年1月5日，是一个具有里程碑式的日子。县委书记唐廷教主持召开中国（普光）微玻纤新材料产业园建设专题研究会，会议决定普光工业园区更名为中国（普光）微玻纤新材料产业园，成立建设指挥部。

2016年7月28日，宣汉县召开玻纤新材料产业创投基金筹建座谈会。2016年9月6日，县十三次党代会响亮提出了要全面推动"一区三园"竞相发展，着力打造全国天然气能源化工、微玻纤新材料、冶金建材基地和川东北特色农产品加工基地，向着建成省级经济技术开发区、跻身全省工业经济强县目标迈进。2017年12月7日，宣汉县召开微玻纤新材料产业园专题会议，要求园区要进一步超前谋划，主动作为，切实把园区建设成功能齐全、配套完善、品质上乘的一流工业园区。

县委、县政府领导扑下身子深入园区、企业调研。县委县政府主要领导两年来不下10次到园区调查研究、现场办公，解决了一系列发展难题，2017年初，中国（普光）微玻纤新材料产业园项目纳入了省市重点项目。

宣汉致力于"打造中国最强玻纤新材料发展基地"、"科技创新促转型建设千亿玻纤产业园"，使命光荣，任务艰巨而富有挑战。中国（普光）微玻纤新材料产业园建设指挥部的同志不忘初心、牢记使命，敢于担当、负重前行，一项项改革创新工作全面展开。

创新园区投入机制，变输血园区为造血园区。改变原来单独依靠县财政资金建设园区的传统方式，采取以吸收社会资金为主、申请扶持资金为辅的多渠道方式解决资金难题。

以PPP模式提升园区基础设施建设水平，与专业技术过硬、业务熟练、资本雄厚的合作方共同解决包括快速通道、主干线道路、水、电、气、通信管线，110KV变电站、污水处理站等园区基础建设项目资金。在降低财政压力的同时，最大限度发挥社会资本效用，加快园区飞速发展，实现互惠互利、共同发展的目的。同时鼓励引导园区企业参与建设。

以"院县合作"方式提升园区发展水平，与南京玻璃纤维研究设计院（简称南玻院）形成战略合作关系，先后与宣汉县签订科技平台协议、研究院合作协议，充分发挥南玻院在产业、行业研究、技术研发、工程设计、检测认证等方面优势，结合宣汉县资源优势和玻纤产业基础与政策优势，进行多层次、多渠道、多形式的合作，南玻院专家担任产业园建设指挥部办公室领导职务，深度参与到园区规划、建设指导、招商、对外交流、企业服务等园区建设发展的每个环节中。

以可持续方式支持园区项目发展，成立了达州普昇投资管理有限公司和新兴产业参股创投基金，通过参股私募创投基金及私募股权投资基金，广泛带动社会资本参与产业投资，吸引优质创业资本、重大项目、核心技术及优秀人才，同时结合专业的投资管理团队和先进的投资理念，推进本地新兴产业项目的发展及产业结构优化。

做大做强优势产业，变资源优势为经济优势。宣汉拥有丰富的天然气、硫黄、富钾卤水等资源，通过反复调研及科研机构专家咨询论证，在市场需求的引导下，确立微玻纤新材料及其制品产业为特色优势产业，全力打造国内首个微玻纤全产业链特色基地，真正把资源优势转化为经济优势。

宣汉在科技研发上下功夫，成立宣汉微玻纤研究院和南京玻璃纤维研究设计院西南分院，两院采取合作办公，由双方合作组建、共同经营，为微玻纤新材料产业提供创新孵化、科研转化、管理咨询等服务：逐步打造中国微玻纤新材料产业研究院，建立国家级水平的微玻纤（微纤维）新材料及制品工程技术中心、检验检测认证中心、产品技术服务与交易中心、创新孵化中心等"四中心"，提升我国微玻纤行业在世界范围内的竞争力。

创新招商引资模式，变政府主体为市场主体。项目是园区发展的"生命线"，筑好了"金巢"，如何招引来"百凤"？招商引资随之成为园区工作的重中之重。

"从微玻办成立以来，我们多次到河北、江苏、浙江、湖南、广东等地招商引资。"微玻办主任王洪模介绍说，"在企业的谈判中，我们始终站在对方的角度，设身处地为他们核算土地成本、要素成本、交通成本等。通过比较核算，使他们认清了来宣汉发展的区位交通优势、生产要素价格优势等。"2017 年，园区新引进企业宣汉天敏、达州普菲等 6 家，园区企业达到 11 家。

微玻纤新材料产业园打破招商引资瓶颈，创新招商引资方式，以市场为招商引资主体。利用科研院所自身成熟的科研成果转化招商，与南京玻璃纤维研究设计院、清华大学、四川大学等国内高等院校、科研院所合作，将科研成果优先在宣汉转化。已进入一期生产的宣汉普光科睿新材料有限公司 1 万吨大辊筒拉丝及其制品项目，即为自身科研成果项目。依靠科研院所委托招商，借助科研院所在行业的影响力，重点推荐宣汉的投资优势，加大企业到宣投资信心。湖南金瑞新材料科技有限公司总投资 6.8 亿元的细纱池窑项目、德国奇耐联合纤维公司玻璃纤维棉生产基地建设项目、广东中山纬特新材料公司滤材项目、珠海菲伯过滤材料有限公司玻纤滤材项目4个意向性项目均为南玻院协助招商。依靠企业以商招商，鼓励企业合作招商，拉动上下游产品企业到宣投资，以点带线汇集成面，形成延链发展态势。宣汉正原公司其下游产品企业四川迈科隆真空新材料有限公司在2017年1月签订招商引资协议，目前该公司项目已建成投产。

新园区点燃新梦想，新宣汉铸就新辉煌。现在的中国（普光）微玻纤新材料产业园道路宽了，花儿艳了，厂房多了，人气旺了。行走在这片火热的土地上，真切感受到这里是一片充满希望的热土，奔涌着创业者的豪迈和激情。这里是一座引力强劲的磁场，汇聚了开拓者的机遇与梦想。这是一个"兴工强县"的引擎，激励132万宣汉人民奋勇向前。

搬出幸福新生活

2015年11月27—28日，习近平总书记在中央扶贫开发工作会议上的讲话明确指出，"贫困人口很难实现就地脱贫的要实施易地搬迁，按规划、分年度、有计划组织实施，确保搬得出、稳得住、能致富。"

《中国农村扶贫开发纲要（2011—2020年）》中指出：易地扶贫搬迁。坚持自愿原则，对生存条件恶劣地区扶贫对象实行易地扶贫搬迁。引导其他移民搬迁项目优先在符合条件的贫困地区实施，加强与易地扶贫搬迁项目的衔接，共同促进改善贫困群众的生产生活环境。加强统筹协调，切实解决搬迁群众在生产生活等方面的困难和问题，确保搬得出、稳得住、能发展、可致富。

2015 年 7 月 8 日中国共产党四川省第十届委员会第六次全体会议通过的《中共四川省委关于集中力量打赢扶贫开发攻坚战确保同步全面建成小康社会的决定》中指出："移民搬迁安置一批。在生存环境恶劣、生态环境脆弱、不具备基本发展条件的地方，以及居住过于分散、基础设施和公共服务设施配套难的地方，实施移民搬迁安置，做到实施一个项目、安置一方群众、实现一方脱贫。"2016 年 6 月 22 日，四川省脱贫攻坚领导小组第二次会议指出，要扎实抓好住房安全工作。严格按照省委省政府确定的时间进度，完成好农村危房改造、易地扶贫搬迁、地质灾害避险搬迁任务。坚持与幸福美丽新村建设相结合，坚持山水田林路综合治理，坚持小规模、组团式、微田园、生态化，统筹做好住房新建、改造、加固工作，同步完善公共服务配套。2016 年 9 月起，四川开展以"住上好房子、过上好日子、养成好习惯、形成好风气"为主要内容的"四好村"创建活动。

宣汉县 2014 年底有建档立卡贫困人口 17.96 万人，其中易地扶贫搬迁 11049 户 38179 人，任务十分艰巨。

中央吹响打赢脱贫攻坚战的号角，易地扶贫搬迁政策力度空前，使贫困群众得到了实惠，但一些隐忧也不容忽视。对单个搬迁群众来说，住进的是"新房"，失去的是"老家"，有"房"不一定有"家"，推进易地扶贫搬迁应该让搬迁群众对新房有"家"的归属感，才能真正融入第二故乡。对整个搬迁群体而言，易地扶贫搬迁不仅是单纯空间位移，更是综合小型社会的重组，不能只重"搬迁"而轻"后扶"，应加大后扶力度，真正让搬迁群众既"安居"

又"乐业"。

宣汉县委在实践中认识到，实现安居乐业，产业和就业是物质支撑，情感融入是精神需求。搬迁后，群众的生活品质要提升，民主权利要保障，实现生产、生活、社会、人文环境的全方位融入，这才算真正的安居乐业。

实现"安居乐业"，让搬迁群众"安心住下来"，住房是基础、收入是关键，产业和就业则是最重要的支撑，既要让搬迁群众有地种、有事干，更要让其有技能、有钱挣。

解决"有地可种"的问题。搬迁群众搬入新居后最盼望的是有地可种，而农村面临的突出问题是，迁入地大量土地撂荒，而搬迁群众又无地可种。宣汉县对不同类别的撂荒土地采取依法或协商的方式收回经营权，然后发包给搬迁群众耕种。对协商收回的土地，由乡镇予以适当补助，直至剩余的承包期结束。宣汉县已在 3 个村试点收回土地 253.8 亩，发包给 49 户搬迁户耕种，搬迁群众过渡期"有地可种"问题得到较好解决。

解决"一技之长"的问题。为了解决搬迁群众"就业有岗位干不了、创业有想法没办法"的问题，宣汉县根据其年龄结构、所需技能，结合当地实际和政府设岗、企业供岗、自主创业的需求，分层分类开展技能培训 76 期、5800 余人次，确保有劳动力的搬迁群众人手一技，先后带动 2000 余名搬迁群众就地就业创业，实现了由"无门就业"向"多向择业"的转变。2016 年，中央确定了东西部协作扶贫的战略规划，习近平总书记在东西部扶贫协作座谈会上指出："在完善省际结对关系的基础上，帮扶双方要着力推动县与县精准对接，组织辖区内经济较发达县（市、区）同对口帮扶省份贫困县结对帮扶，实施'携手奔小康'行动……帮扶双方要建立和完善劳务输出对接机制，提高劳务输出脱贫的组织化程度。"①在浙江省对口帮扶四川省的合作机制中，由舟山市定海区对口帮扶宣汉县，每年都给宣汉提供一定的就业岗位，首先考虑搬迁户和边远地区贫困户家庭就业人员，在建档立卡贫困户中产生了良好的反响。

解决"就地生财"的问题。宣汉有近万名搬迁群众安置在旅游景区附近，如何有效依托景区"就地生财"？宣汉在严格执行"人均住房面积不超过 25 平方米"和不增加群众负担的前提下，由政府引进投资公司对易地搬迁住房进行投资扩建，使其具备旅游接待等服务功能，扩建部分房屋的产权归搬迁群众所有，公司拥有 5—15 年的使用权，其经营收入可作为投资回报，期满后无偿交给搬迁群众。以这种方法，把"搬迁房"变"商住两用房"，既保障了搬迁群众的住房需要，又为其长远致富积累了资产，找到了生财"新门路"。

搬迁群众对新环境或多或少会有陌生感和疏离感，宣汉县帮助搬迁群众适应新的人际关系和生产生活方式。

赋权保平等，创造条件让搬迁群众参与村级管理，在村组政务、财务、事务、服务等方面同等享有知情权、参与权、监督权。落实好户口随迁、子女入学、社会保障等方面政策，使其与当地群众享有同等权利。

----

① 中共中央党史和文献研究院编：《习近平扶贫论述摘编》，中央文献出版社2018 年版，第 103—104 页。

赋职给地位，从搬迁群众中选出一定比例的村民代表，让其参与到村集体管理。在常住人口 5000 人以上社区、3000 人以上的贫困村新增"两委"职数，鼓励搬迁群众代表参与竞选。搬迁群众有 24 人进入村"两委"班子、208 人成为村民代表。

赋责促担当，搬迁群众搬入后，必须主动履行村民义务，才能增进互信、融入当地。宣汉充分发挥村民自治作用，提高"村规民约"效力，探索建立村民担责尽责积分管理办法，定期考评打分公示，激发搬迁群众担责尽责，增强其责任感和主人翁意识，与当地群众共建美好新家园。

宣汉县实施易地扶贫搬迁 6932 户 24320 人，让这些群众实现了由"穷窝"到"金窝"的转变，不仅住上了好房子，更过上了好日子。

峰城镇寨扁社区的陈美善，如今搬进了新居，客厅、卧室、储物间、厨房装饰一新，电视、洗衣机有序安放，棉被、衣柜等一应俱全。陈美善感激之情溢于言表："我今年七十几岁了，做梦也没有想到还能住上小别墅。我这一生搬了五次家，终于可以安享晚年了，感谢党和政府！"

陈美善讲述了五次搬家经历。最苦的时候是五兄弟和父母一起挤在两间茅草屋里，墙不挡风，屋不避雨。打土豪、分田地时期，大队给他家分了两间土坯房。陈美善排行第四，到他成家时，已无房可分，父亲便带领兄弟们临时搭建一间"新房"。屋漏偏逢连夜雨，那年夏天，连续多日的大雨造成山体滑坡，新旧老屋一夜间被泥沙卷走。大队干部安排其一家到生产队保管室暂住，一住就是好几年。20 世纪 80 年代初，陈美善夫妻俩用微薄的积蓄和借来的一笔钱，在寨扁村4组选址，修建了两间砖土混结构房屋。时至今日，当年的新屋已成"穷窝"，陈美善的儿子已过成家年纪，仍是光棍一个。

2017年8月，宣汉县易地扶贫搬迁工作启动。经群众评议，大伙一致同意将陈美善一家纳入易地扶贫搬迁对象，"听说政府拿钱帮我修房子，这跟做梦似的，生怕哪天梦醒了，房子没了。"陈美善对于"从天而降"的新房半信半疑。铲平地基，施工人员进场，下地基，砌主墙……从破土动工那天起，陈美善隔三岔五来到集中安置点，目睹新房子立起来。

2017年底，在村民见证下，陈美善等11户村民拿到了新房钥匙。"那一刻，莫提多高兴了，钥匙在每位村民手里攥得紧紧的，大伙有太多的话想说……"谈到领取新屋钥匙，陈美善十分激动。

我们在宣汉实地走访，发现基础设施好了，住房条件改善了，在外打拼多年的成功人士，带着父母的牵挂和子女的思念，怀揣积蓄和梦想，纷纷返乡创业。县委政府大力推进招商引资，工商资本也随着返乡创业者走进千家万户，为农业发展、农村振兴注入强大动力。

安得广厦千万间

在巴西，20世纪90年代里约热内卢和圣保罗就推出了投资改造贫民区的计划，政府不需任何抵押即向居民提供建筑材料和资金改造现有住房。但至今，巴西贫民区人口仍占全部居民人口的 25%。在印度，20 世纪 80 年代末至 90 年代初，一个由世界银行资助的"贫民窟升级项目"率先帮助两万个孟买贫民窟家庭获得了土地使用权和基本的生活服务，之后中央政府持续提供资助，到目前为止，这个为贫民窟居住者提供基本生活服务（如供水、道路、排污、街灯等）的项目已经实施了近 30 年，却效果平平。

对比巴西、印度几乎停滞的社区和农村脱贫计划，2013 年 12 月内蒙古包头市启动的一项涉及 12.4 万人、4.7 万户的棚户区改造计划，在短短三年内就顺利完成。遍布中国大地，到处都有"广厦行动"，在城市地区到处都有城市棚改计划，让旧貌换新颜，在农村到处都有新居计划，让贫困户拥有"楼上楼下，电灯电话"。

2013 年，中共中央办公厅、国务院办公厅印发的《关于创新机制扎实推进农村扶贫开发工作的意见》中指出："制定贫困地区危房改造计划，继续加大对贫困地区和贫困人口倾斜力度。明确建设标准，确保改造户住房达到最低建设要求。完善现有危房改造信息系统，有步骤地向社会公开。加强对农村危房改造的管理和监督检查。到 2020 年，完成贫困地区存量农村危房改造任务，解决贫困农户住房安全问题。"2015 年 7 月 8 日中国共产党四川省第十届委员会第六次全体会议通过的《中共四川省委关于集中力量打赢扶贫开发攻坚战确保同步全面建成小康社会的决定》中指出：幸福美丽新村建设资金安排向贫困地区倾斜，扎实推进彝家新寨、藏区新居、巴山新居、乌蒙新村建设。在新村建设中给予贫困户特殊帮扶，同步解决他们的住房问题，确保住有所居、住得安全。

近年来，宣汉县认真落实"两不愁三保障"要求，坚决打赢脱贫攻坚战，2014年至2017年完成脱贫攻坚住房安全有保障40106户。2017年9月正式启动以农村住房改造为主题的"广厦行动"，当年完成年初下达的7549户预脱贫户的住房改造，将用3年时间全面完成农村住房改造143747户，彻底改善农村人居环境。

在广厦行动中，宣汉县结合地理特点，融合了土家文化、巴文化元素，建设经济实用、安全美观、环保节能、功能完善的新型农村住宅，建设具有一定历史文化和艺术价值的房屋，形成新村古韵两相宜、农文旅协调发展的局面。

为了实施好广厦行动，先后组织专人赴万源市、巴州区学习调研，深入学习考察两地危旧房改造、土坯房消除工作。在天生、柏树、南坝等10个乡镇开展实地走访和"开门听音"活动，详细了解农村住房现状，广泛征集群众意愿，为行动方案提供更加翔实、科学的依据。

按照村社摸底、乡镇初审、部门复核流程，组织1000余人，先后4次对全县改造农房总数、农户家庭情况、改造意愿和房屋状况进行全面排查和实地测量，锁定全县土坯房、泥夹墙房、木结构房以及其他结构C、D级危房14.3万余户，真正做到家底清、目标明。

按照农村住房"旧貌换新颜"改造方向，借力幸福美丽新村建设、城乡建设用地增减挂钩试点项目和全域旅游发展战略，有效破解资金补助、建房用地、农村发展三大难题。同时，注重做好住有所居与脱贫奔康、拆旧建新与传承保护、循序渐进与整体推进"三个统筹"，确保用 3 年时间，全面完成农村住房改造任务，真正让广大农民群众住上好房子、过上好日子。

为了搞好土坯房的修建工作，召开全县"广厦行动"动员大会，组建 54 个工作宣传小组，走村入户，全方位宣传"广厦行动"相关政策措施，提高群众知晓率，消除群众"旧房难拆"情结，引导价值观念的转变。制定《宣汉县"广厦行动"方案》，明确要求党员干部要"领好头、带好队、上好课"，努力营造"全民积极参与、共建广厦工程"的氛围。

严格按照"户主申请、村委会评议、乡镇审核、指挥部审批、项目实施、竣工验收、资金拨付"7 个步骤，有序推进改造工作。村民持户主身份证复印件、户主户口本复印件和旧房照片，向村委会提出书面申请，经村委会评议通过、乡镇审核无误后，上报县农村住房改造统筹指挥部办公室，指挥部办公室组织相关部门核查审批，确保公平公正、应改尽改。

严格落实"一户一宅"政策，结合农村山、水、田、园、路等自然条件，按照土地利用和乡村发展总体规划，设计多种户型结构，实行集中建设和分散建设两种形式，采取拆除不建、拆除重建、维修加固三种方式，分类分批实施改造。

拆除不建：对已享受易地扶贫搬迁、地质灾害避让搬迁、重点项目（工程）搬迁、灾后农房重建政策补助、农村危房改造补助且新建住房这 5 类政策的，旧房由乡镇人民政府牵头拆除，不予补助；对未享受任何政策的，按最高不超过 1 万 / 户的标准予以补助，补助资金打卡直发。

拆除重建：对户籍在本集体经济组织内的"四类人员"（建档

立卡贫困户、低保户、分散供养特困人员、贫困残疾人户），按 2 万 / 户予以补助（若上级出台新的补助政策，则按新的补助政策执行）；"四类人员"以外的本集体经济组织内人员，按 1.5 万 / 户予以补助，补助资金打卡直发。

维修加固：对未享受过任何住房补助政策的"一户一宅"对象（包括拆除旧房达到"一户一宅"的），由各乡镇统一制定修缮加固方案，经农户确认后实施，并按 1.3 万 / 户予以补助，补助费用由乡镇统筹安排；已享受过农村危房改造补助政策的，由乡镇人民政府牵头督促农户按标准进行维修加固，且不予补助。

按照"公平、公正、公开"的原则，在市公共资源交易中心网站上对外发布招投标，严格筛选施工队伍。建立县、乡、村三级质量控制体系，聘请有经验、懂技术、有责任心的人员组成质量安全巡查工作组，分片巡查新建房屋质量。对住房改造所需的红砖、钢材、水泥、砂石等建材价格进行严格监管，严厉打击囤积居奇、哄抬物价、以次充好等严重扰乱市场秩序的行为。

为了切实做好这一惠民工程，按照"政府主导、联系领导主抓、部门主推、乡镇主责"工作机制，成立县农村住房改造统筹指挥部，负责协调日常事务、制订年度计划、厘清部门工作职责，统筹各阶段的目标任务、重点事项、完成时限等，形成分工负责、齐抓共管、合力推进的工作格局。

坚持农户自筹为主，引导农民筹资投劳、亲邻相帮、自力更生，借力城乡建设用地"双挂钩"项目试点，引进社会资本，帮助解决部分改造资金。制定住房改造资金专项管理办法，严把资金调配，严格审批、专款专用。通过整合"十三五"期间危房改造、易地扶贫搬迁、地质灾害避让搬迁等项目，筹措补助资金 6.85 亿元，有效保障工作顺利开展。

说起宣汉县的"广厦工程"，人们对县委、县政府的工作是竖起了大拇指点头称赞。

南坝镇园坝村杨科全一家住了四代土坯房，如今，杨科全家里全然不见土坯房破落的影子，一套三室一厅一厨一卫的白瓷砖、琉璃瓦的砖混新房格外显眼。他笑哈哈对我们访谈人员说："现在政策真的是好，去年，我把住了几十年的土圈圈房拆了，县上给我补了一万块钱，镇上给我筹了一部分钱修了新房子，圆了我几辈人的砖房梦，自己还没欠啥子账。而且我那老屋基复耕，一年种菜籽、种水稻还可以收入个三四千元，这到老来了还交了鸿运，好事都被我赶上了。"

毛坝镇天坪村海拔 1020 米的陈家大院，规模和面貌让人感慨。宽阔的三合院，全木结构，雕梁画栋，古色古香。虽然沉淀了历史，但完全看不出岁月的沧桑和风雨的磨砺。陈家大院曾作为红 31 军 92 师政治部的办公场所，屋内陈列有"毛坝战役"石碑和红军当年使用过的物件。主人陈文召说："这个大院子既是革命遗址，又是传统民居，过去为解放宣汉做出了很大的贡献。借助广厦行动，对院子进行了维修加固，更换了檩条，添置了瓦片，平整了院坝，修补了围墙石梯，喷绘了复古亮漆，院子焕然一新。不仅解决了住房安全问题，还保护传承了历史文化。现在，场镇到这里有 30 多里公路全部硬化了，许多游客慕名而来，看着家族历史和传统文化得到传播，我们这些当子孙的感到非常自豪和满足。"

工商资本进村

发展壮大乡村集体经济，是实现脱贫的重要物质基础。早在1980 年 5 月 31 日，邓小平同志同胡乔木、邓力群谈到农村政策问题时指出，我们总的方向是发展集体经济。可以肯定，只要生产发展了，农村的社会分工和商品经济发展了，低水平集体化就会发展到高水平的集体化，集体经济不巩固也会巩固起来。关键是发展生产力，要在这方面为集体化的进一步发展创造条件。1990 年3 月 3 日，邓小平同志在同江泽民、杨尚昆、李鹏同志谈到农业问题时指出：中国社会主义农业改革和发展，从长远观点看，要有两个飞跃。第一个飞跃，是废除人民公社，实行家庭联产承包为主的责任制。这是一个很大的前进，要坚持长期不变。第二个飞跃，是适应科学种田和生产社会化的需要，发展适度规模经营，发展集体经济。

从邓小平同志的重要指示看，中国农村在任何时候都不能丢掉集体经济，离开了集体经济组织，农村党组织就容易丧失战斗力，农民就容易回归无组织状态。革命战争年代及新中国成立初，立足于小农生产基础上的党组织可以依靠农民分得田地后组织合作社而获得生命力；社会主义建设时期恰恰是把小农生产纳入了集体经济轨道而获得了生命力。改革开放以来，随着人民公社解体和市场经济深入推进，集体经济逐步瓦解，各种党建要素（包括人、财、物等）向城市流动，许多乡村出现了党组织软弱涣散等难题。

习近平总书记在福建工作期间就提出："在扶贫中，要注意增强乡村两级集体经济实力，否则，整个扶贫工作将缺少基本的保障和失去强大的动力，已经取得的扶贫成果也就有丧失的危险。"①

全国各地乡村发展集体经济有多种模式。2014年国务院批准同意全国供销合作社综合改革试点以来，河北、浙江、山东、广东、四川等省供销社紧紧围绕"两改一融，服务三农"思路，实施"党建带社建，村社共同建"计划，以党的建设引领供销社综合改革，强化供销社为农服务功能，推动党组织在基层供销社全覆盖、基层供销社与村级集体经济联结全覆盖、经营服务向农民生产生活全覆盖，积极参与乡村振兴，为包括小农在内的各种经营主体提供形式多样的农业社会化服务、农村人口生活服务，助推脱贫攻坚奔康。河北省供销社重返乡村后把农村长期闲置的山坪塘等村集体资产托管起来，变成供销社股权，为发展集体经济找到了新来源。这种集体经济模式，克服了村"两委"主导模式群众参与不足的弊端，攻克了村企合作模式难以把经营性和公益性统一起来的难题，解决了能人带动型模式很大程度依赖个人奉献难以持续的问题。浙江、山东、四川等省探索出成熟经验，由农村党组织通过乡镇供销合作社发起成立红白理事会，引领节俭办红白喜事的新风尚，由理事会提供规范服务，并从中收取一定费用补充集体经济，既节省了农民开支，又"无中生有"发展了集体经济。再比如，贵州省六盘水市等地开展的资源变资产、资金变股金、农民变股东的"三变"改革，推进机制创新，盘活贫困地区的土地、劳动力、资产、自然风光等要素，促进了农民脱贫增收。

---

① 习近平：《摆脱贫困》，福建人民出版社2014年版，第142页。

　　2016 年 11 月 4 日，四川省脱贫攻坚领导小组第四次会议指出，要扎实抓好因地制宜培育特色产业、促进贫困群众就地就近就业增收、发展壮大村集体经济等重点工作。宣汉县注重引进有实力、有意愿的企业，与农户形成合作共赢关系，既实现了农户稳步脱贫致富，又带动了村集体经济的壮大，为村集体下一步发展积累了经验、夯实了基础。

　　"让土地充满希望，让蓝莓栽满村庄，让村里人过上城里人羡慕的生活"。2015 年 8 月，双河镇党委、政府借助大田村水土保持项目建设契机，引进四川假日田园生态农业有限公司发展蓝莓产业，并与联想佳沃的全资子公司青岛沃林蓝莓果业有限公司签订全程产业链战略合作协议。按照项目区、产业区、旅游区、扶贫区"四区合一"模式，着力打造集休闲、观光、采摘体验为一体的蓝莓谷景区。

　　三年前，大田村是有名的贫困村，乱石漫山、到处都是荒山荒地，很多年轻人迫于生计纷纷出走务工。2015 年，双河镇下决心啃这块"硬骨头"，先通过水土保持工程对大田村的 1100 余亩荒山、荒地、山坡进行整理升级改造，整治微水池、山坪塘 3 口，配套完善灌溉水渠 8000 米。随后多方考察、结合市场调研，最终决定在大田村打造丘陵地区及川东北片区第一个蓝莓种植基地。采取"村支部＋专合社＋农户（贫困户）"模式，成立宣汉县臻源生态种植专业合作社。鼓励群众将小额信贷资金等入股到专业合作社，成为"股东"，并将土地按合同价格流转给专业合作社规模发展蓝莓产业。

　　"一次入股，每户年年都能分红，村集体每年也有收入！"村党支部书记侯斌抑制不住内心的喜悦。据了解，专业合作社创新"蓝莓产业＋脱贫攻坚"路径，按入股金的6%每年给贫困户分红，并按群众入股总资金的1%每年给村集体分红。不仅如此，在蓝莓谷建设过程中，还优先录用土地被流转的农户及贫困群众在园区务工，有效带动周边群众就业、增收。"我们村上好多人都在这里干活，离家也近，每个月还有千多元的务工收入。"当地村民为自己能够成为蓝莓园区的一名工人感到满意。

"让蓝莓谷既有蓝莓也有游客。"专合社不仅致力于打造蓝莓种植、采摘、精深加工于一体的蓝莓产业链，力争建立川东北地区最大的蓝莓产业综合开发园区，还因地制宜开发旅游资源，配套建设了700平方米的集游客客服中心、蓝莓产品展示厅、农耕及党建展示厅于一体的蓝莓谷游客接待中心，着力将蓝莓谷打造成休闲观光的国家3A级生态旅游景区。

漫步在蓝莓谷环线游步道路上，紫薇景观林正绽放大红的花朵，蓝莓谷水库建设稳步推进。柳大华是蓝莓谷一家农家乐的老板，也是大田村民。每当节假日柳大华都忙得不亦乐乎，他对蓝莓谷旅游发展很有信心："来观光的游客肯定会越来越多，我的生意也会越来越好！"

"我的新家就在蓝莓谷。"村民刘光碧自豪地向游客介绍："我们20多户赶上了国家的好政策，住上了蓝莓谷集中修的洋房子！"据悉，双河镇在紧靠蓝莓谷的刘家坡集中规划建成了具有川东民居建筑风格的易地扶贫搬迁房。

入股蓝莓产业增收，发展乡村旅游致富。如今的大田村民家家住上了好房子，腰包更鼓了，日子越来越好了，全村人生活在感恩

◆ 双河镇大田村民庄　双河镇政府供图

奋进、自力更生、齐心奔小康的良好氛围中。

在外乡友归家了

《中国农村扶贫开发纲要（2011—2020年）》提出就业促进扶贫。完善雨露计划。以促进扶贫对象稳定就业为核心，对农村贫困家庭未继续升学的应届初、高中毕业生参加劳动预备制培训，给予一定的生活费补贴；对农村贫困家庭新成长劳动力接受中等职业教育给予生活费、交通费等特殊补贴。对农村贫困劳动力开展实用技术培训。加大对农村贫困残疾人就业的扶持力度。

2016年6月22日，四川省脱贫攻坚领导小组第二次会议指出，要扎实抓好就业增收工作。大力支持务工就业，加强沟通衔接，有计划地组织专项招聘活动，鼓励企业拿出专门岗位吸纳贫困劳动力就业，同时规范企业劳动用工管理，着力解决劳动合同签订率低、参保率低和工资拖欠等问题。大力支持自主创业，全面落实和用足用好支持政策和资金，引导贫困群众调整种养结构、发展农业特色产业。要大力加强面向贫困群众的农业实用技术培训、就业技能培训，鼓励贫困群众参加更高水平的职业技能培训。

改革开放以来，大批农民离开家乡进城务工，造就了城镇化快速发展的万千广厦。一段时间以来，农民和企业签订合同、出租土地，在家门口的企业里赚工钱，成为致富新门路。宣汉县属于劳动力输出大县，2017年，在外务工人员32.5万人，回乡创业1130人。

毛坝镇天坪村海拔1000多米，地处高山地区，交通不便，不少村民外出务工，土地撂荒严重。2016 年 4 月，毛坝镇党委、政府通过招商引资引进四川松柏生态农业有限公司，对天坪村的荒山复垦整理后种上了李子树。

2016 年 12 月，该公司实施农博园综合开发项目，项目计划总投资 3.5 亿元，在天坪村发展水果、花卉基地 5000 亩，并建冷链物流系统、星级酒店、玻璃悬空餐厅、水上乐园、农耕文化博物馆、农耕体验区、高端康养小区，形成"春赏花、夏避暑、秋品果、冬赏雪"的生态观光农博园。项目建成后，将增强该村自身的"造血功能"，让村级经济富起来，让农民腰包鼓起来。

目前，该公司已在天坪村流转土地 4000 余亩，种植中、晚熟青脆李 20 余万株。今年夏秋之际，李子树开始部分挂果，运用合理栽培、集中养护、智能管理、统一标准的科学种植方法，松柏公司的李子品质良好，比单个农户自己种的李子更大更甜更脆，水分更足。同时，在天坪村 8 组修建了公司办公楼、住宿楼和饭堂等基础设施。

天坪村村民通过土地流转，除了收取土地流转费外，每月还可以到公司打工获得收入，摇身一变成为产业工人。工作日按时上下班，每月平均工资达到 2000 多元，最高的可拿 4000 多元。如今，天坪村村民成了名副其实的"上班族"。

天坪村 8 组村民陈登富算了一笔账："我把 6 亩田地流转给公司后，每年收取土地流转金 1800 元，然后又在公司当技术管理员，每月工资收入 3500 元，一年下来收入 42000 元，这比以前种水稻、玉米划算多了。"和陈登富一起在公司上班的还有当地 389 名农民工。

罗军章，是土生土长的普光镇铜坎社区人，回乡创办公司，年产值达 3000 万元，出口创汇 450 万美元，他因此荣获宣汉县普光镇失地农民自主创业"先进个人"称号，2013 年荣获达州市"五一劳动奖章"。2000 年，罗军章在广东东莞一家玩具厂打工，由于自己勤学苦练，很快学到过硬本领，不久被厂里提拔为生产管理人员。2003 年初，罗军章与妻子张素娟开起了有 8 台缝纫机、12 名工人的"三禾"玩具厂，积累了一定财富。

2011 年 4 月，为回馈家乡，罗军章回到普光工业园区创办了宣汉县星耀玩具有限公司，安置当地失地农民 400 多人，女职工占 90% 以上（其中残疾人 6 人）。

罗军章和妻子都是从一线工人干起来的，特别能够体会作为一线工人的艰辛。因此，罗军章非常重视支持公司工会建设，先后投入资金，使工会实现了"八有"（办公室、活动场地、职工书屋、规章制度、工作记录、牌子、印章、工作经费），让企业工会真正成为职工的"娘家人"。他坚持开展工资集体协商工作，始终把工资集体协商作为维护职工权益的重要工作来抓，实现了协商的程序化和规范化，建立完善了工资的正常增长机制和支付机制。

公司开展用工洽谈会，积极促进当地失地农民工在家就业，签订用工协议。公司每年夏季开展送清凉活动，为一线职工送上劳保、防暑和生活用品，并每天安排专人负责给大家熬煮凉茶，让职工们安全度夏。对考上大学的困难职工子女，通过向社会募捐、向上级工会争取、本级工会出资等多种渠道募集帮扶资金进行帮扶，使寒门学子圆大学梦。每年春节前夕，公司工会都会举办团年"坝坝宴"，400 多名工友及其家人欢聚一堂、共度佳节。同时，精心准备节目表演，让公司职工过一个愉快的春节。

王舜，返乡创业做"互联网+"生态农业新农人。

1988年7月，由于家庭经济十分拮据，初中毕业的王舜放弃读高中的机会，背着一个读书用的"黄布包"，加入打工大军去福建打工。

王舜回忆说，他最初在建筑工地从抬水泥板、挑灰浆、搬砖等体力活干起，既辛苦费力，又挣不了钱。后来，王舜边干边自学建筑方面的知识，渐渐地能够识图纸，包了些小工程，当起了"小老板"。随后，王舜又辗转多地承包工程，尝尽了生活的酸甜苦辣。经过多年打拼，王舜逐渐积累了一些财富。

2008年3月，王舜回乡时发现家乡大量的田地被弃种而变成荒山坡。想想自己走过的许多地区发达的交通、发达的经济、先进的理念，再看看家乡的落后面貌，一个大胆的设想在他的脑海里闪现：回家创业，带领乡亲们改变家乡落后面貌。

2008年9月，王舜投资近1000万元，在塔河镇号楼村租赁8000多亩森林山地，建立了舜天湖农业专业合作社。"我是农民的儿子，我爱生我养我的这块土地，我要穷尽一生之力建成这个农业生态园，带动家乡的父老乡亲共同脱贫致富。"王舜暗自下定决心。

王舜又大胆尝试"互联网+"销售模式，帮助乡亲们销售大米、土豆等农副产品，促进增收。他创办了宣汉县一路通电子商务有限公司，入驻宣汉县电子商务孵化中心，为创立舜天湖生态园打好基础。

舜天湖农业专业合作社共计农户389户1485人，其中贫困户163户425人。该园始终坚持走"互联网+农业基地"之路，产品统一生产、统一管理、统一收购、统一包装、统一在电商交易平台销售。

生态园建成后，当地村民就业增加，整体提高村民收入，带动村民脱贫致富。"如今，在我们号楼村，村民住进了小洋楼，出门走的是水泥路，做饭用上了自来水，我们过上了和城里人一样的生活。"号楼村刘大姐笑着说。

脱贫致富，这条路是漫长艰辛的，但是王舜的举动是有价值的。宣汉县有许多像王舜一样的返乡创业人员，在家乡创造出一片属于自己的广袤天地。

创新创业让蜀宣花牛"牛"起来

走进明月乡蜀宣花牛繁育场，只见县畜禽繁育改良站站长石长庚正忙着为圈舍进行降温消毒。"现在天气越来越热，细菌滋生得比较快，降温和消毒千万不能大意!"2014年8月，石长庚带领县改良站16名技术人员投资500万元，在明月乡重石村创办了蜀宣花牛繁育场，既当"站长"又当"老板"，以前闭门搞科研，现在自主创新业。

"蜀宣花牛经过30多年的培育，2012年被国家畜禽遗传资源委员会颁发新品种证书，是一项重大的科技成果。但由于科技人员身份和政策的限制，科技人员不能从事技术服务、技术承包等收费性的服务工作，一定程度导致了科研与生产脱节，致使养殖技术水平不高，养殖户效益不佳，科技人员的积极性也无法充分调动。"

石长庚感慨地说:"现在好了,政策允许我们兼职兼薪、离岗创业,尽管目前只是试点,也能让我们科技人员在基层一线中转化成果、创造价值。"

为进一步提升创新创业技术支撑,宣汉县与四川省畜牧科学研究院签订了激励科技人员创新创业专项改革试点合作协议,在宣汉县建立四川省畜牧科学院川东分院、四川省畜科院蜀宣花牛科研基地,推进了蜀宣花牛科技成果实现突破、就地转化。

"县委县政府在项目立项、资金扶持、后续服务方面给了我们很大的便利,光是资金扶持就给了50万元。我要是做不出点成绩,硬是对不起这么好的政策。现在繁育场常年存栏蜀宣花牛300头以上,年利润60万元以上。《蜀宣花牛新品种培育及配套技术研究与应用》2016年获得了四川省科技进步一等奖,2017年获农业部中华神龙科技一等奖,2016年蜀宣花牛繁殖技术集成研究及推广应用获达州市科技进步二等奖,我们申请了一种蜀宣花牛繁殖技术研究、一种拴系式育肥牛舍等国家专利6项。"石长庚对这几年的工作成绩如数家珍。

宣汉县每年设立1000万元创新创业专项扶持资金,对农业科技人员或团队创办的农业科技经济实体给予补助,对开展农业公益性技术成果转化、技术咨询、技术承包、产品研发的科技人员或团队给予补贴,三年来累计发放项目扶持资金1150万元。同时,成立县科技创新服务中心,实行"一表申请、一站受理、限时办结、免费服务"的联动审批模式,为农业科技人员创新创业开通审批"绿色通道",对创新创业项目实行"一对一"挂包联系。

"作为宣汉的一分子,脱贫攻坚我们也要出力。我们指导黄石天上红缨养殖场、塔河向千肉牛养殖场向 30 个贫困户采用寄养模式，每户寄养 2 头母牛，母牛所产小牛按市价由养殖场回收，按照'8（农户）2（养殖场）'分成，目前寄养出去的 60 头母牛已产小牛 32 头，收入 16 万元，其中贫困户收入 14.4 万元。"石长庚说："接下来，我们还要加大蜀宣花牛养殖推广力度，带动更多群众尤其是贫困群众参与进来。"

石长庚，只是宣汉农业科技人才创新创业的一个缩影。截至 2018 年 6 月，宣汉县已有 495 名县内外农业科技人员参与创新创业，申报实施项目 206 个，创办领办经济实体 136 个，投入资本 1.1 亿元，撬动社会资本 3.2 亿元发展现代农业和特色产业，实现农业产值 12.6 亿元，带动群众人均增收 1061 元。

企业为贫困村民参保缴费

有条件的现金转移支付，是国际反贫困的一条重要经验。它是指通过货币或实物补助以减少贫困，促使贫困家庭的成人参加劳动，以及对贫困家庭的下一代进行人力资本投资，降低在未来陷入贫困可能性的政策体系。① 在中国，织就以社会保障为核心的社会安全网络，是降低贫困发生率、返贫率的重要制度安排。2015 年 11 月 27—28 日，习近平总书记在中央扶贫开发工作会议上的讲话

---

① 中国发展研究基金会组织编写：《在发展中消除贫困：中国发展报告 2007》，中国发展出版社 2007 年版，第 24—25 页。

中指出：社会保障兜底一批，对贫困人口中完全或部分丧失劳动能力的人，由社会保障来兜底，统筹协调农村扶贫标准和农村低保标准，加大其他形式的社会救助力度。

《中国农村扶贫开发纲要（2011—2020年）》及《四川省农村扶贫开发纲要（2011—2020年）》均提出完善社会保障制度。逐步提高农村最低生活保障和"五保"供养水平，切实保障没有劳动能力和生活常年困难农村居民的基本生活。

2015年12月28日，四川省脱贫攻坚大会指出，要通过低保政策兜底一批，加大低保统筹力度，逐步提高补助标准，加快完善社会保障救助体系，扎实做好革命老区、民族地区、边远高寒山区等重点地区贫困群众和五保户、残疾人、"三孤"人员、留守人员等特殊困难群体的关爱帮扶工作。

2016年3月，上海富柏化工有限公司、深圳市松柏实业有限公司董事长饶猛回到家乡，以原毛坝镇农村电商示范点和佳农种养殖专业合作社为基础，在天坪村注册成立了四川松柏生态农业有限公司。

天坪村交通不便，土地贫瘠，劳动力都外出打工，80%的土地荒芜，有119户390名贫困户。公司落户村里后，复垦整理、流转荒山田地四千余亩，发展高山脆李种植业，贫困户不出村就有工作干。

"建档立卡贫困户在脱贫期间，经济条件很差，参保缴费很困难。"饶猛说，"为了解决他们的后顾之忧，公司决定为45岁以下的建档立卡贫困户按国家标准每月按时代缴养老保险，为45岁以上的贫困户每月按时缴纳农保。"

公司合伙人罗怀安讲，公司已经为 5 名贫困户、17 名正式员工购买了社会养老保险，为 200 多名园区固定（临时）员工购买了意外伤害保险。

"真没想到我一个农民工，也能像城里人一样有社保卡，今后还能领养老金。"贫困户徐义昌说。

徐义昌长期在福州打工，听说村里能就业，就抱着试试看的心态回来。先是在公司打零工，后将全家土地流转给公司，成为正式员工。"以前是出工，现在是上班。"徐义昌自豪地说。

从"出工"到"上班"，不只是说法的改变，还有实实在在的待遇。天坪村第一书记王代林说，目前村里已经有 389 人与该公司签订了合同，成为打卡上班拿工资的"上班族"。村里流传着歌谣："穿着黄马褂，上班要打卡。工资按月领，幸福乐哈哈。"

为进一步解决农户有劳动力无资金发展产业的难题，天坪村党支部还组织养殖能人建立蜀宣花牛托养站 3 个，鼓励支持群众将产业周转资金用于购买蜀宣花牛，再交到托养站饲养。王代林说，除去购牛、饲料等成本后，所得利润业主、贫困户四六分成，贫困群众每户能够增收近两千元。在四川松柏生态农业有限公司的带动下，天坪村 119 户 390 名贫困户已脱贫，天坪村 2017 年实现整村脱贫"摘帽"。

天坪村是宣汉县通过发展产业实现整体脱贫的缩影。2015 年来，宣汉县围绕建设国家"全域旅游"示范区的目标，以开发巴山大峡谷景区等项目为重点，发展农旅产业，推进连片脱贫，助力贫困农民向产业工人转型。

第四章　绿水青山就是金山银山

　　自从人类进入工业社会，生产力获得极大的解放，技术创新层出不穷，人类的生产和生活方式发生了翻天覆地变化。然而，工业革命也在全球范围内带来严重环境污染，有人预估：如果全球气温在当前基础上再上升 2 摄氏度，50% 与人类相伴的生物将灭亡；再上升 5 摄氏度，人类本身将不复存在。工业化和后工业化同时推进，是近代以来世界经济发展的一个显著特征。欠发达国家有机会借鉴发达国家的经验教训，但实际上只能汲取部分的经验教训，仍难免走向前人的老路。比如，环境破坏日益加剧和环境保护的强烈需求同时存在，发达国家经历过，欠发达国家也经受同样的考验。有人要生存，有人要生态；有人吃饱饭就行，有人要呼吸新鲜空气、喝干净水，这些相互交织的矛盾每天都在这个世界上产生，中国也不可能独善其身。

　　中国经过长期实践探索后下定了决心：摒弃先污染后治理的老路，走绿色发展之路。中国共产党和人民群众建立的同心圆关系，必须在空间布局上是美丽的同心圆，不能仅让同心圆的核心地带美丽，更要让同心圆最边缘的地区一样美丽。习近平在浙江省安吉县调研时就曾指出："我们既要绿水青山，也要金山银山。宁要绿水青山，不要金山银山，而且绿水青山就是金山银山。"怎么留住绿水青山，怎么让绿水青山变成金山银山？习近平总书记在中央扶贫开发工作会议上进一步指出，"生态补偿脱贫一批，加大贫困地区生态保护修复力度，增加重点生态功能区转移支付，扩大政策实施范围，让有劳动能力的贫困人口就地转成护林员等生态保护人员。"

巴山蜀水滋养的宣汉，更是严格执行着总书记的发展理念，坚持绿色、低碳、循环、可持续的生产生活方式，奋力推动繁荣美丽新宣汉取得重大突破。2015 年 7 月 8 日，中国共产党四川省第十届委员会第六次全体会议通过的《中共四川省委关于集中力量打赢扶贫开发攻坚战确保同步全面建成小康社会的决定》提出，牢固树立绿水青山就是金山银山的理念，加大对重点生态功能区的投入，加快治理突出生态问题，筑牢贫困地区持续发展的生态本底。

如何看待祖祖辈辈赖以生存的山和水？宣汉着力在守护绿水青山上下功夫。宣汉的崇山峻岭、清流激湍，是大自然恩赐的绿水青山。在很长一段时间里，老百姓只能眼巴巴望着这些"穷山恶水"受穷挨饿。如今路通了、楼起了、业兴了，山里人变成了城里人，穷山恶水也变成了绿水青山，变成了金山银山。无数事实使宣汉人更加坚信这个道理：守护好绿水青山，就是守护好宣汉的金山银山。

马克思曾经指出："自然界，就它自身不是人的身体而言，是人的无机的身体。人靠自然界生活。这就是说，自然界是人为了不致死亡而必须与之处于持续不断的交互作用过程的、人的身体。""没有自然界,没有感性的外部世界,工人什么也不能创造。"① 恩格斯在《自然辩证法》一书中就不但对传统农业生产方式也对资本主义工业文明对大自然的过度索取提出了批评:"我们不要过分陶醉于我们人类对于自然界的胜利。对于每一次这样的胜利,自然界都对我们进行报复。"② 马克思、恩格斯的论述表明,一个地方自然环境遭到破坏,人类必然遭到自然的报复,最终必然走向物质和精神双重贫穷的恶性循环。

中国不少地区的贫困是源于生态环境的脆弱,或者处于人类不适合居住区域,缺乏最起码的农业生产条件。这些地方摆脱贫困,唯一的选择,就是将这些人群逐步搬迁出这些自然生态脆弱或者不适合居住的区域。2017 年 6 月 23 日,习近平总书记在深度贫困地区脱贫攻坚座谈会上的讲话中指出,深度贫困地区往往处于全国重要生态功能区,生态保护同经济发展的矛盾比较突出。还有一些地方处在地质灾害频发地带,"十年一大灾、五年一中灾、年年有小灾,实现脱贫和巩固脱贫成果都存在很大不确定性。"

《中国农村扶贫开发纲要(2011—2020 年)》指出:"在贫困地区继续实施退耕还林、退牧还草、水土保持、天然林保护、防护林体系建设和石漠化、荒漠化治理等重点生态修复工程。建立生态补偿机制,并重点向贫困地区倾斜。加大重点生态功能区生态补偿力度。重视贫困地区的生物多样性保护。"2015 年 7 月 8 日中国共产党四川省第十届委员会第六次全体会议通过《中共四川省委关于

---

① 《马克思恩格斯选集》第 1 卷,人民出版社 2012 年版,第 55、52 页。
② 《马克思恩格斯选集》第 3 卷,人民出版社 2012 年版,第 998 页。

集中力量打赢扶贫开发攻坚战确保同步全面建成小康社会的决定》中指出:"通过灾后恢复重建和发展振兴,帮扶地震、洪涝、滑坡、泥石流等灾区贫困人口脱贫,有效解决因灾致贫返贫问题。坚持以人为本,优先推进住房重建,对个别建不起房的特困家庭实行政策兜底。"

义和村的涅槃

宣汉县地质条件复杂,是地质灾害多发区。宣汉有前河、中河、后河三条河,这三条河平时很温驯,可是一旦到了雨季,就变得桀骜不驯,难以驾驭。2004 年 9 月 5 日,发生了全国罕见的特大滑坡地质灾害。2005 年 1 月,国家投入 2500 多万元,对天台乡进行滑坡治理。2005 年 9 月,四川省国土资源厅投入 467.5 万元,对滑坡治理出来的土地实施"金土地"工程。

2004 年 9 月 5 日下午 3 点,宣汉遭遇百年难遇的洪灾。天台乡义和村在大暴雨诱发下突发特大型滑坡地质灾害,滑坡体积 5625 万立方米,面积达 3.75 平方公里。这次滑坡共造成 1736 间房屋圈舍倒塌,374 户 1606 人无家可归,损毁田地 4042 亩。巨大的滑坡体阻塞河道 1.5 公里,抬高水位 32.5 米,回水 15 公里,形成一个库容 5800 万方的"悬湖",造成五宝场镇被淹,天台、五宝两个乡镇沿河 10 个村、2 万余人受灾,1.4 万人无家可归,5000 亩农作物颗粒无收。

灾情惊动了党中央、国务院,省、市、县领导亲临救灾前线,指导抗灾救灾。2004 年 9 月 14 日通过实施定向爆破,"囚禁" 8 天的洪水撕开一条近 50 立方米的水道狂泻而下。第二炮、第三炮炸响,洪水滔滔宣泄。10 月 10 日,浸泡在洪水中 30 多天的五宝场镇全部露出水面。

河道疏浚工程分为两期,前期为排危抢险应急工程,后期综合整治工程则被列为国家基本建设项目,省里将其确定为 2005 年水利建设"一号工程"。

从 2005 年开始,宣汉县多次向上争取资金和项目,对滑坡体平整出来的土地进行复垦整理。宣汉县采取边复垦边整理的方法,在项目设计过程中,邀请农业、林业、水保、环保等部门的专家进行综合论证,认真听取当地农民的意见和建议,对项目规划布局实行分类设计、集中平衡、反复会审。在能够复垦的区域修建水渠、蓄水池、沉沙函、山坪塘、机耕道等设施,避免了二次施工。

宣汉县注重生态整理理念,从一开始,农业部门对整理区域进行整体设计,将土地整理的范围从耕作田块、小型水利设施、农田道路建设和灾毁耕地复垦,扩展到林带建设、家园美化、环境整治和生态农业发展。具体规划上,突出生态环境设计、生态沟渠设计和生态田间路设计,设置了防洪排涝能力,建起了土壤有机质、排灌沟(渠)、农田防护林和道路等指标体系,坚持对项目生态持续发展进行综合评价。

义和村还将土地整理与社会主义新农村建设结合起来。按照"农田向规模经营集中,农村居民点向中心村集中"的原则,在前河对岸规划修建了北斗湾和丁家坝两个农民新村。新村建设坚持统一规划设计、统一标准模式、统一施工建设。同时,还统一修建道路、庭院、绿化带等，做到整齐、美观、实用。新村居住的都是滑坡中遭受损失的灾民，每户安装了自来水和闭路电视，修建了沼气池，大部分村民安装了电话，开通了互联网，极大地缩小了城乡差距。

　　土地整理的根本目的是增加有效耕地面积，改善种植条件，促进农民增收。义和村以前耕地面积不足 700 亩，经过实施"金土地"工程，所有耕地、林地、园地和村民住宅用地都被统一平整出来，增加了 900 亩有效耕地面积，不仅实现了全乡耕地总量动态平衡，并从根本上改善了当地农民的生产生活条件，促进了农业增效、农民增收。同时，农民参与"金土地"工程施工又增加了收入。

　　治理后的义和村，是一派田成方、路成网、树成行的现代农业美景。

洋烈新村变形记

　　我国西南地区地质结构复杂，山高谷深，河网密布，洪涝灾害较多，建构及时有效的防灾减灾体系、灾害救援体系和灾后重建体系，是保护人民生命财产安全、巩固脱贫攻坚成果、防止因灾返贫的重要途径。[①] 四川省着力探索建立灾后重建体系，特别是在汶川地震以后，在党的坚强领导下，把灾后重建与发展振兴结合起来，

[①]　四川省委党校、《四川日报》联合调研组：《灾后重建与发展振兴的四川答卷——汶川特大地震灾区 10 年重建发展的历程与启示》，《四川日报》2018 年 5 月 4 日。

◆ 洋烈新村　谢兴双摄

注重有效平衡好五大关系，即当前利益与长远发展的关系、物质家园和精神家园的关系、重建与发展的关系、党的领导与群众主体作用的关系、自力更生与各方援助的关系，凝结形成了伟大抗震救灾精神，为抗灾救灾和发展振兴谱写了新篇章。在宣汉，一个重建于废墟之上的时代新村也展现在我们面前。

洋烈新村位于宣汉县城西，紧傍州河水，背靠茶园山，面朝印盒寨，山水迤逦，州河长廊横穿东西，湿地公园穿越南北，各种瓜果四季飘香，星级农家乐鳞次栉比。村子三面环水一面靠山，四周山势绵延起伏，山间云笼雾罩，宛然一座世外桃源。

面对这样一个风景如画的村庄，谁能想到几年前的洋烈曾在洪灾中成为一片废墟。

说到洪灾，洋烈的居民至今记忆犹新。2010 年 7 月 18 日，一场大暴雨不期而至。雨，如注的暴雨，哗哗地下。洪水，特大的洪水，咆哮如惊雷般奔涌而来。

三面环水的洋烈场镇遭受洪水之灾，这次特大洪灾尤为惨烈，使洋烈变成一片汪洋，洪水浸泡长达 22 小时，场镇进水 7.8 米，房屋损毁 347 间，169 户 592 人受灾，90% 的居民无家可归。无情的洪水，使洋烈人遭受了灭顶之灾。

灾情发生后，省、市、县各级领导高度重视，时任省委副书记、省长蒋巨峰亲临现场视察灾情，慰问灾民，代表省委宣布洋烈场镇整体搬迁重建的重要决定。

洋烈人发扬"愚公移山"精神，把原街道背靠的山头削高填低，使整个地势抬高 10 余米，地面高过"7·18 洪水"水位线。丛山之中，造出一片上百亩的平地，三峡是"高峡出平湖"，洋烈就是

"深丘见平坝"。

在"地无三尺平"的山丘地区,这块人造的坝子就是一块最好的画布。宣汉县委、县政府鲜明提出重建不是简单的"克隆",而是超前规划、完善功能、优化结构、彰显特色,变灾区为景区。在尊重洋烈人民意愿的基础上,采取"整体避险搬迁、重建洋烈新村"的方案,按照"统一规划、统筹资金、统一风貌、统一联建"模式,将洋烈新村打造成集"商贸旅游、休闲度假、教育保障、居住创业、城乡互动"为一体的"川东第一村"。

面对整体重建的浩大工程,宣汉县组建了 14 个乡镇援建队,加快重建步伐,让灾民早日搬进新居。为确保住房建设高效高质量推进,分五个标段落实任务到援建队。300 多名建筑工人抢晴天战雨天,克服各种困难,以超常规的工作效率促进度。很快,一座依山傍水、风景秀丽、功能完善的新村展现在人们面前。

2011 年 11 月,以演绎新农村文化魅力为主题的全国首届新农村文化艺术展演开幕,洋烈新村被选为展演主场。一时间,洋烈新村的名头传遍全省、走向全国。犹如一剂催化剂,迅速催生了洋烈的旅游产业。

宣汉县以亲水休闲游乐、乡村休闲度假、山地生态农业观光体验为主题,走特色农业与乡村旅游互动发展的城郊休闲旅游发展模式,将洋烈水乡建成"吃住娱购游"为一体的乡村旅游胜地。

洋烈水乡是国家 4A 级旅游景区,功能分区为"一水、两岸、四精品"。"一水"即州河;"两岸"即洋烈新村沿岸、胡家坝沿岸;"四精品"即洋烈新村风情小镇、胡家坝田园休闲旅游区、黄家沟巴人谷文化生态旅游区和渔子溪湿地公园。景区内打造了舒卷广场、游客中心、滨水观景平台、风雨廊、滨水休闲景观带、水上乐园、火峰寺、印盒寨、湿地公园项目、自行车骑游道等多个游客参与性强的旅游项目和景点。前来参观的游客纷纷称赞："洋烈是一座镶嵌在川东生态亲水走廊上的水乡风情小镇。"

从废墟到新村，从新村到景区，越来越多的居民从中收益。许多人经营起农家乐、乡村旅店、小卖部，从庄稼汉转变为小商人。原来的贫困户吃上了"旅游饭"，致富的路子既稳当又宽广，洋烈人均年收入也从重建前的1900元一跃到现在的7000多元。"洋烈子"农家乐老板回忆："最初，没建景区之前，家庭成员主要靠外出务工和在家务农为生，年收入不到一万元。景区建成之后，越来越多的游客前来，我的农家乐年收入高达20万元，今天的幸福生活让我心怀感恩。"

昔日的废墟早已涅槃重生，书写了从灾难到新生、从悲壮到振兴的篇章。如今的洋烈新村已是享誉全国的"川东第一村"、"全国文明村"，一个"房在林中坐、水在窗下流、人在画中游"的湖光山色风情景区，正向世人展示着她的无穷魅力。

树根就是命根

2017年8月，习近平总书记对河北塞罕坝林场建设者感人事迹作出重要指示，号召全党全社会坚持绿色发展理念，弘扬塞罕坝精神，持之以恒推进生态文明建设，一代接着一代干，驰而不息，久久为功，努力形成人与自然和谐发展新格局，把我们伟大的祖国建设得更加美丽，为子孙后代留下天更蓝、山更绿、水更清的优美环境。

地处川东北的宣汉，一个名叫五马林场的国有林场的发展变迁之路同样感人至深。五马林场位于毛坝镇，现已打造成宣汉国家森林公园五马归槽景区，面积 1422.6 公顷，其中原始次生林面积 1000 公顷，森林覆盖率 99.8%，活立木总蓄积 24 万立方。松柏常青，古木参天，野生动植物达 1000 余种，负氧离子含量达 7900 个 / 立方厘米。

在绿海的深处，有一群护林人默默坚守。陪伴他们的只有脚下的山石、身边的野草以及正在茁壮成长的树木，间或有只鸟儿长鸣一声，如同一个个跳动的音符，共同弹奏着一曲绿色的赞歌。

林家贵，1987 年时还不到 20 岁，就步入造林护林之路。这一干，就是 30 多年，用生命保护着五马林场的一草一木。他的父亲曾是阿坝州森工局的一名伐木工，他是典型的"林二代"。

1989 年 1 月 22 日，林家贵在中子沟工区团坪梁处，发现几个偷砍林木的村民，于是上前劝阻。盗树人王某不但不听劝告，反而口出狂言："树就是我砍的，老子砍了就砍了，你拿我咋办？"争执中，王某挥刀将林家贵的两根手指砍落在地……右手仅剩三根手指，成了终身残疾，但林家贵更加坚定了保护林场安全的信念。妻子为了照顾他，把家搬到了中子沟工区。

2005 年 4 月的一天，林家贵的岳父母准备进山采竹笋，林家贵给他们讲明正处育苗期，按林场规定不准采，劝其放弃。岳父母不听劝，进山采摘被发现后，说："笋是山上长的，还指望你给我们采点吃，我们自己来采，你还要阻拦！"林家贵铁面无私，按照林场规定作了严肃处理。

无论是烈日曝晒还是刮风下雨，林家贵夫妻俩穿梭在林场的山脊、沟壑，采种育苗、栽树、抚育间伐地，防止不法人员进入猎捕野生动物。两个人干活，领一个人的工资，他俩无怨无悔。

"如今盗伐林木的人越来越少，护林员更多的工作在于防火，林场专门为瞭望台配备了高清晰度望远镜和对讲机。"林家贵说，五马林场平均每天都会接到火情电话，大多是农民在田里燃烧秸秆引发的。

知青林，只要听到这个名字，你就会感知到，这里栽种的不只是树，还有那个特殊年代知识青年的青春。

陈泽礼和范莲香，是1962年从重庆来到林场的知青。因为爱情，他们走到了一起并留在了这里。五马林场破旧的护林土坯房，是他们的婚房，满山的新绿是孩子们的乐园。他们每天早出晚归，在一条条林中小道上，留下了岁月的足迹。因为常年辛苦工作，患有风湿病、关节炎等职业病。他们育有三个女儿和一个儿子，现在成为了"林二代"，坚守在护林岗位上。

在五马林场，像这样"献了青春献子孙"的人太多太多。林场用漫山苍翠和数不清的年轮，印证着几代人的无悔付出。

五马林场建场于1957年。1998年前，属于自收自支事业单位，每个月只发放120元生活费。1998年实施天保工程，调整到300元／人。2016年，实现财政全额拨款。虽然工资不多，但护林员忠贞不渝地坚守岗位，历经几十年风雨，每个人都练就了"铁脚板"、"山里通"、"活地图"的本领。"铁脚板"即护林员长期穿行于山林中练就的强壮体能，"山里通"即每位护林员熟悉每个山头的地形和分布情况，"活地图"即护林员准确知道每条山道具体位置及路况。一旦山上出现火情，他们会以最快的速度到达火场进行灭火。

2013 年 8 月 12 日，湖北大学教授汪正祥受环保部的委托，带领专家组到五马林场对生态环境、森林植物种群多样性进行科普考察。专家组在海拔 1000—1500 米的原始林区发现了原种的刺楸、鹅掌楸、香果、华榛等多种国家二级保护树种，同时还发现可以入药的三尖杉、中国特有的残遗植物紫茎和短柄枹栎等具有一定科研价值的植物物种群。鹅掌楸是我国特有的珍稀植物，属国家二级重点保护野生植物；香果被称为"中国森林中最美丽动人的树"，被列为国家二级重点保护植物；华榛为中国特有的稀有濒危珍贵树种；三尖杉具有抗癌、治癌作用。

随着"全域旅游"战略的实施，五马林场作为宣汉国家森林公园的一个主要景区和森林康养示范基地，通过争取省市县资金 4000 万元，改造林区公路 24.613 公里、修建景区游客服务中心 1816 平方米、改扩建职工危房 806.5 平方米、修建景区游步道 2000 余米。同时，采用职工集资入股、按股分成等经营方式，成立五马山种养殖专业合作社，形成了"林菌模式"、"林养模式"、"林禽模式"、"林果模式"和"林药模式"，竹笋、天麻、蕨苔、猕猴桃、蜂蜜远销省内外。

习近平总书记提出：绿水青山就是金山银山。这些护林人以青山为伴，与清泉为友，用心血和汗水护佑着林场的每一寸土地！是他们的辛勤抚育、默默巡护、耐心宣传，成就了今天五马林场的滔滔林海，万亩碧波！而他们，也正是宣汉生态林业建设的一个缩影。

一江清水向东流

中国五千年文明中积累了丰富的生态智慧。比如："天人合一"、"道法自然"的哲理思想，"劝君莫打三春鸟，儿在巢中望母归"的经典诗句，"一粥一饭，当思来之不易；半丝半缕，恒念物力维艰"的政治格言，无不显示了中国人重视人与自然和谐的生存哲理。从经验和常识看，河水的清澈度是衡量一个地方环境质量好坏最重要的指标，所以，经常有老百姓讲：山美不美，先看水美不美。

推行河长制、湖长制、湾长制，是落实绿色发展理念、明晰多头治理权责的创新举措。2016年底，中共中央办公厅、国务院办公厅印发了《关于全面推行河长制的意见》，坚持生态优先、绿色发展，坚持党政领导、部门联动，坚持问题导向、因地制宜，坚持强化监督、严格考核，构建责任明确、协调有序、监管严格、保护有力的河湖管理保护机制，为维护河湖健康生命、实现河湖功能永续利用提供制度保障。宣汉县境内河湖众多，前河、中河、后河汇聚形成州河，滋养了百万宣汉人民，但也承受了水质遭受破坏的巨大压力。为此，宣汉全面推行河长制，强化综合治理，凝聚广泛合力，加强水体污染综合防治，推动河库生态保护与修复，一幅"河畅、水清、岸绿、景美"的繁荣美丽新宣汉画卷徐徐展开。

一水一渠总关民，河流问题历来备受瞩目。宣汉境内支流纵横，水域宽阔，全县有315条河流、139座水库。其中县级河流31条、县级水库2座，乡级河流284条、乡级水库137座。县委、县政府十分重视群众反映的河流堵、垃圾多、水质差等问题，确保件件有落实、事事有回音。

水兴则县兴，水安则民安。宣汉设立县级河长 33 名、乡级河长 454 名、村级河段长 1183 名，实现县、乡、村三级河长全覆盖。各级"河长"作为河库保护管理的第一责任人，郑重签下"军令状"，执行最严格的水资源管理制度。同时，经县编委研究决定，成立宣汉县河长制工作中心，落实全额拨款事业编制 5 名，具体承担县河长制办公室日常工作。54 个乡镇设立乡级河长制办公室，33 个县级联络员单位设立河长制工作推进办公室，做到河长制工作有人负责，问题有人解决。

《宣汉县全面推行河长制工作方案》明确了河长制总体要求、基本原则、组织形式、主要任务及保障措施，分解下派水资源保护、水污染防治、水环境治理等六大任务。建立"一河一策＋四张清单"的"1＋4"工作模式，编制完成"一河一策"管理保护方案，同步制定各河流目标、问题、任务、责任"四张清单"，明确水污染治理的时间表、路线图、责任人。

从"河长制"到"河长治"，全县各级"河长"活跃在大小河库。截至 2017 年底，河长累计巡河县级 110 人次，乡级 1973 人次，村级 5186 人次，整改河道问题 326 个。

"山也清，水也清，人在画中行"，君塘镇洋烈社区居民自编顺口溜，唱出了河道环境改善后的由衷喜悦。

过去，州河君塘段曾是干部群众的一块"心病"。因为前往洋烈水乡观光旅游的游客多，总会出现游客向州河乱扔垃圾现象，导致河面时有垃圾漂浮，群众怨、干部急。君塘镇党委、政府拿出刮骨疗伤的决心，通过机械挖掘、人工清运、疏浚河道，彻底改善了河道水质与水环境，居民无不拍手称快。

从"掩鼻走"到"养眼游"，这是宣汉县全面开展"清河、护岸、净水、保水"四项行动的一个缩影。

各地深入开展"绿化宣汉"行动，针对辖区内河库的具体问题，频出实招，狠下苦功，乡镇污水处理厂（站）建设有条不紊，严厉打击非法采砂等行为，加强工业企业的日常监管，不断提升沿河两岸水生态景观，往昔令人担忧的污浊河库不见影踪，一片水域就是一道亮丽的风景线，也成为当地居民休闲游憩的首选。

宣汉不定期对全县河道流域的环境进行督查暗访，全面排查河长制工作存在的问题，一纸问题督办函让个别河长如坐针毡。

"本以为整治出了大力气，成绩自然出众。没想到，大家都你追我赶。稍微松劲，就落到后面。"一名上次"榜上有名"的河长惭愧地说。

宣汉细化"河长制"2017—2020年工作目标。虽然时间长，覆盖整个脱贫攻坚期，工作任务繁重，但各责任单位都争分夺秒完成目标任务。2017年共发放问题督办函45份，已整改到位40个，正在整改5个。从他人"揭短"到自曝"家丑"，是压力的步步紧逼，更是决心的点点凝聚。

"河畅、水清、岸绿、景美"，是"河长制"瞄准的靶心。为提升精准度，宣汉坚持宣传先行，多方蓄力。编制宣传手册2000册，印发倡议书2000份，设立河长公示牌563块，录制"大美宣汉·走进河长制"电视节目，建立"宣汉河长制"微信公众号，通过政府门户网、县电视台等，全方位普及推行河长制工作重大意义。聘请10名县人大代表、政协委员为社会监督员，形成全社会齐抓共管的良好氛围。

从"紧箍咒"到"大合唱",宣汉县积极引导社会资金参与河库环境治理与保护,构建起河长领衔、各方联动、全民治水的大网络。

绿水青山是自然的馈赠,宣汉全县人民怀着敬畏之心守护着生命之源。一条条清流在宣汉大地流淌着,人们也在河水的抚育中享受着重拾的美好。一江清水向东流,青山绿水为宣汉加油助威、静祷美好。

第五章　授人以鱼不如授人以渔

2015 年 10 月 16 日，习近平总书记在 2015 减贫与发展高层论坛发表的主旨演讲中指出："授人以鱼，不如授人以渔。扶贫必扶智，让贫困地区的孩子们接受良好教育，是扶贫开发的重要任务，也是阻断贫困代际传递的重要途径。我们正在采取一系列措施，让贫困地区每一个孩子都能接受良好教育，让他们同其他孩子站在同一条起跑线上，向着美好生活奋力奔跑。"① 在福建宁德工作期间，他就提出要树立"新教育观"，也就是要避免就教育论教育，而是要把教育问题同经济、社会的发展联系起来看，看这个地方的教育是不是适应并且促进了本地区经济、社会的发展。② 这表明，治理贫困首先要治理贫困户的观念贫困和精神贫困的难题，提升生存、生产和生活技能，增强贫困户摆脱贫困的主观能动性。四川省农村扶贫开发纲要（2011—2020 年）指出：发展教育文化事业。摆脱贫困的根本出路在教育，让贫困地区的老百姓掌握现代化的知识

---

① 习近平：《携手消除贫困　促进共同发展——在 2015 减贫与发展高层论坛的主旨演讲》，《人民日报》2015 年 10 月 17 日。

② 习近平：《摆脱贫困》，福建人民出版社 2014 年版，第 128 页。

和技能，再加上老百姓勤劳朴实的优秀品质，一定能够实现脱贫奔小康。

党群关系是同心圆，党既要当人民群众的学生，也要当人民群众的老师，当学生不犯尾巴主义错误，当老师不犯命令主义错误。在脱贫攻坚过程中，党要引领人民群众，就必须当好"老师"，发挥各级党组织和党员干部的教育引领作用，着力在"授"字上下功夫。宣汉县根据不同贫困户的需求，围绕经济社会发展的需要，对贫困户有的放矢引领，分层分类指导。针对在学的青少年，着力抓好九年义务教育和高中阶段教育，截断贫困之根；针对缺乏技能的贫困户，着力抓好技能培训、讲授农业科技，实行"科技＋农户"，提升贫困户的生存发展能力；针对忽视法治、无理取闹的现象，大力推行依法办事，增强贫困户人格尊严意识；大力推进基层协商民主，培养贫困户主体意识，找到基层群众利益的最大公约数；通过道德模范引领，重塑乡风文明，实现乡村文化繁荣兴盛；针对贫困户视野局限、致富无门的难题，吸引在外打拼取得成就的乡亲回乡分享致富经。

不抓教育，穷根难拔

2018年1月15日，石铁乡老坝村大雪纷飞，四川省脱贫攻坚全覆盖督导组一行12人行走在泥泞的道路上。督导组由省妇联、省文化厅等部门人员组成，他们随机抽取老坝村建卡贫困户76户中的50％，另抽取10户非贫困户。督导组在入户调查时，惊讶地发现被抽取的 30 户贫困户，没有一户让孩子辍学，其中 14 户已培养出大学生 16 人。他们进一步了解到，群众认准了一个道理，就是信任乡村教师钟丕寿，只有娃娃读出书来，才能带动一个家庭甚至家族拔掉穷根。督导组没想到在这么偏远的地方，尊师重教的风气这么浓厚，通过教育脱贫的信心这么坚定，拔掉穷根的意愿这么强烈。

老坝村位于石铁乡南部，素有"石铁南大门"之称。全村有 5 个社 326 户 1243 人，建档立卡贫困户 73 户 297 人，贫困人口约占 25%。怎么拔穷根？乡村教师钟丕寿讲述了他经历的故事。

1976 年 9 月，钟丕寿高中毕业后，光荣地成为一位民办教师，任老坝村小学校长。他以饱满的热情，登上老坝村小学的三尺讲台，面对一张张木然而又淳朴的笑脸、望着一个个衣衫褴褛的身影，心里有说不出的辛酸。

老坝村为啥如此贫穷落后，"穷根"到底在哪里？钟丕寿调查发现，村里接受完小学教育的人极少，更别说初中等高一级教育。钟丕寿明白：治贫先治愚，治愚在教育。

42 年来，钟丕寿一直秉承"培养一个孩子、脱贫一个家庭"的理念，结合教育工作实际，在完成规定动作的同时，做好扶贫自选动作，变"输血"为"造血"，着力帮助每一个贫困家庭子女，通过公平优质的教育摆脱贫困、共享美好。

钟丕寿坚定信念，献身教育。一方面，努力提升村小学教师思想政治素养，恪守教师职业道德，定期组织学习《教育法》、《教师法》、《未成年人保护法》等相关法律法规；另一方面，适应新时代教育改革，努力提高教育教学质量，满足学生渴求新知的愿望。钟丕寿定期组织教师开展教学业务研究、学习新教育理念、开展听评课活动、撰写教学经验论文和教学反思，加强教学基本功训练。他深知自身业务技能匮乏，1993 年到邻水师范学校进修，1995 年进修合格，返校继续植根"拔根梦"，坚定"踏石留印、抓铁有痕"的工作作风。

"感谢您一心一意培育我们多方面成长。从二年级开始，您在班上开设了读书角，在同学中开展读书交流活动，让我们注重好词好句、名言名段的积累，培养我们爱读书、读好书的习惯。您还带着我们参加很多学校组织的活动，培养我们其他方面的兴趣爱好，让我们学到了很多书本以外的知识。"学生张传奎曾在日记里写道，"我们班有几名差生，有的在同年级成绩倒数，有的在整个学校非常调皮……这些同学没少拉班级后腿，没少让您费神。可是您对这些学生一视同仁，总是充满希望并耐心细致地教育辅导他们，促进每位同学在不同水平上发展。"

学生方志建曾在日记中写道："钟老师担任班主任，做到言传身教，为人师表，'爱'字当头，'责'字为重，以'良师益友'的标准严格要求自己。他关心每一位学生的成长，一视同仁，从严要求，促使学生们不断进步。我们因有这样的好老师而骄傲、自豪。"

钟丕寿爱生如子，不仅关心学生的学习，也关心学生的生活。只要学生身体不舒服，即使再忙，也要放下手头的工作，带学生去村里的诊所看病。农村学生大多是留守孩子，由年迈的爷爷、奶奶照顾，孩子的卫生也成了大问题。有的学生头上长了虱子，钟丕寿常常帮这些留守儿童洗头，甚至洗澡擦身子。同事看到这样的场景，都为他这样的行为感动、由衷地生出钦佩之情。节日来临之际，钟丕寿会收到许多祝福的纸条，这些纸条是孩子们用稚嫩的手写出的最真诚的祝福。

教育助推老坝村拔掉穷根。目前，老坝村民在事业单位工作的有 36 人，在校大学生有 28 人，读重点高中的有 24 人，中等职业学校毕业 93 人，义务教育阶段就学 117 人。

老坝村小学送走了一批又一批毕业生。如今，老坝村小学每年招新生约 10 人。"扎根村小苦乐多，甘为人梯我不悔"是钟丕寿内心最真实的写照，用自己的智慧医治乡村的愚昧是他最大的心愿。

久久为功抓教育，是宣汉一贯的做法。2017 年，宣汉县对义务教育阶段学生全部免除学杂费、免费提供教科书和作业本 13.94 万人 14677.9 万元；对家庭经济困难寄宿学生发放生活补助 3.45 万人 3989 万元；免除除艺术类相关表演专业外的中职学生学费 9788 名 1638 万元；资助普通高中享受补助学生 7 万人 1405 万元；免除家庭经济困难高中学生学费 1.086 万人 755.84 万元；资助中职学校学生 9342 名 1453.98 万元；农村义务教育学生营养改善计划，受益学生 13.5 万人，投入资金 9669.45 万元；为边远贫困地区和民族地区农村教室建设周转房 640 余套。抓住了教育这个根本，宣汉的脱贫攻坚就有了最坚实的基础。

火红夜校

在民主革命时期，农民运动讲习所和农民夜校是党联系、发动、团结农民群众的有效组织形式，有力地提高了农民觉悟，改善了农民生产生活状态，为中国革命最终取得成功争取了同盟者和主力军。1923 年秋，王维舟在宣汉县清溪宏文校成立了川东第一个共产主义小组，为了教育和启发农民的思想觉悟，共产主义小组在吴家祠办起第一所"贫民夜校"。仅一年时间，清溪及附近的三河、南坝等几个场镇办起贫民夜校 20 余所，学员增至 200 余人。在夜校，共产主义小组成员讲解"穷人为什么受穷"、"团结就是力量"等革命道理，使广大群众明白只有团结起来同军阀和豪绅做斗争才有出头之日。群众发动起来了，抗租抗粮运动日益高涨。

新时代，各具特色的农民讲习所和农民夜校在各地纷纷涌现，为农户做起了职业技能培训。比如，贵州省毕节市建立政策讲习员、技术讲习员、文明讲习员三支队伍，用"土话土语"讲政策、讲思路、讲方法，有效发动群众一道脱贫攻坚；宁夏回族自治区固原市集中利用村部、村综合文化活动服务中心、闲置校舍等场所，开展惠民政策、实用技能培训，宣传好政策，讲好致富经。

"家有良田万顷，不如薄技在身。"在宣汉，一些在大山之上的农户居住分散、文化程度不高、农技缺乏，白天忙于农事，于是，宣汉县县委组织部牵头，由县民政局、县教育局、县科技局、县委党校等党政部门齐参与，探索开办农民夜校，送技术上门，许多农民从"请"来上夜校到主动愿意上夜校，上夜校成为宣汉农民的时尚。

下午四时，毛坝镇天坪村农民夜校授课现场，人声鼎沸，群众分成三五人一组，剪枝、压枝忙得不亦乐乎。授课教师罗怀安来回穿梭，逐个点评指导："你这个枝没打干净，像这条交叉枝要剪掉；你这个压枝，绳子还应往上走点，要保证压弯不压折！"

"这种课上起来有趣，听起来易懂。"、"边学边操作更容易掌握技术要领，很接地气、很受欢迎，每期我都没缺席过。"来参加农民夜校培训的陈智、徐容清、杨先耀高兴地数着宣汉夜校办学模式的好处。

宣汉在推进农民夜校工作中，尤其注重夜校办学在提升组织力、体现吸引力、增强群众内生动力方面的作用发挥，成功探索出了农民夜校"3543"办学模式，即夯实3大基础、推行5＋模式、开办4色教育、强化3项管理，切实发挥了新时代党办夜校在点亮群众心灯、照亮群众梦想、助力脱贫攻坚、乡村振兴的显著作用。

"三大基础"提标准，提档升级办学条件

"夜校办学夯实基础是核心，我们聚焦师资、教材、办学设备'三大基础'，在农民夜校'八有'建设标准的基础上，制定'三有四具备'标准，即有保证示范培训的硬件设备、有统筹管理的组织机构、有常态运行的工作机制，具备统筹指导、督查考核、师资调配、教材选用等运行功能，全面提档升级农民夜校办学基础。"县委组织部相关负责同志如是介绍。

"按照县委标准化办学要求，我镇对每个农民夜校都进行了全新打造、添置了设备、完善了教学功能，并将天坪村农民夜校升级打造成农民夜校中心校，选聘了师资、发放了教材，坚持每月培训不少于2次、每次不少于2小时。"毛坝镇党委副书记赵东升如是说。

截至2018年6月，宣汉县全覆盖开办农民夜校492所，逐步建立起达3000余人的专兼职"农民夜校"师资库，其中致富能人、农技人员、驻村干部、第一书记、结对帮扶干部占比达80％。充

分整合县委农办、县文广局、县农业局等单位力量，编印发放《红色政权》、《富村 36 计》、《抒写宣汉好故事》、《农村电商》等 60 余种、5 万余册特色本土教材，"农民夜校"教材库更加充实，活动开展也更加有效。

"5+ 模式"激活力，吸引学员积极参学

农村群众居住分散、春耕秋种集中难，如何吸引群众，抓住群众，扭转群众被动学、学不懂、学无用等尴尬局面，是农民夜校作用发挥的关键所在。

"起先我们只是按照上面要求开办农民夜校，把群众组织到夜校教室搞理论教学，教学内容生硬不说、形式单一，农忙时还不空，群众参学意愿很差。现在不一样了，自从推行'农民夜校 + 道德讲堂 + 产业基地 + 远程教育 + 乡村喇叭 + 农村电商'、'夜校 5+'模式后，教育培训形式更多样、更接地气，还不耽误群众生产，随时随处都能让群众接受教育。"天坪村党支部书记、农民夜校校长王同军提及培训形式带来的变化感慨不已。

群众从不愿来到主动来，还要从一个不经意的小事说起。天坪村 2 社村民刘兴江有个烦心事，家里养的黑猪不吃食，一个劲儿地瞎哼哼，把自己以前的土办法用完了都不管用。这天刚好农业技术服务中心主任李树华送课下村，刘兴江抱着试一试的态度，邀请李主任到自己家现场"把脉"讲解。就这样，一场别开生面的夜校现场课就在刘兴江家里开始了："猪厌食，可喂点胡椒粉、辣椒面。由于胡椒粉、辣椒面含有辛味和香气，并有刺激性，可加速猪的胃肠蠕动，促进、增加分泌物，提高猪的消化能力。"李树华一边操

作一边讲解。刘兴江照着给猪做了一餐，果然有效。从那以后，刘兴江总是带着"问题"往夜校跑。转眼到猪出栏的时候了，看到黑猪市场行情不好，刘心江心里比任何时候都着急，急忙跑到夜校找"老师"们帮忙出出主意，没想到一找还找对了，夜校联合松柏公司建起了微信商城，"老师"们把刘兴江养的黑猪照了个仔细，并写好了商品介绍，上传到微信商城里面，不到一周，刘兴江养的两头黑猪就卖了出去。刘兴江"网上卖猪"的事情成了小山沟里的头条新闻，村民参与夜校积极性空前提高。从此，该村的"农民夜校"越办越红火，形式越来越活、课题越来越宽、学员也越来越多。

"四色教育"富内涵，引导群众感恩奋进

"夜校不但教我们如何搞发展生产，还经常教育大家讲诚信、守法规、懂感恩，通知说的今晚是全国孝老模范符纯珍现身说法，还受到过习总书记的亲自接见，我把家里的大细娃儿都喊来了，一起受受教育。"天坪村村民徐义昌在夜校课堂上如是说。

下八镇米岩村的符纯珍是第一个主动申请走上夜校讲台的农村妇女。符纯珍经历了种种人生痛苦，但她始终乐观坚强，在家孝敬老人、关爱子女，收养孤儿；在外艰苦创业，创办米岩村花海旅游基地，带动一批乡亲共同致富。她的事迹真实感人，她获得了全国"最美家庭"、全国"五好文明家庭"、全国孝老爱亲道德模范提名奖等多项国家级表彰奖励。她虽然不愿回首痛苦往事，但又总是一次次将自己的经历与大家分享："我的人生经历了幼年丧父、中年丧子、旺年丧夫三大不幸，在不幸面前，我没有消沉，更没有放弃，毅然决然地选择了坚强和奋进，最终通过艰苦创业过上了好日子。

在此也送给大家三句话，一是要自力更生，二是要懂得感恩，三是要团结齐心。"符纯珍不但说得入情入理，她做得更是有目共睹。这样的夜校讲解员，听得人心服口服，激励乡亲们把感动变行动。

家住天坪村3组的周中元听得泪流满面。周中元家有5口人，是精准贫困户也是低保户，因为怕自己没技术、没本钱，也懒得思"奔头"、找出路。听了符纯珍的这一堂课，周中元重拾信心、积极认真、刻苦学习，在脆李技术大比武中顺利通过了松柏公司的岗位测试，2017年3月签订劳务合同从事技术管理工作，月工资超过3500元，顺利实现脱贫。

周中元的例子只是农民夜校参训群众的一个缩影。据了解，为教育引导群众感党恩、跟党走，自力更生、不等不靠，宣汉县农民夜校坚持扶贫先扶志工作理念，将红三十三军红色革命历史传统教育、"诚信·守法·感恩"为主要内容的蓝色"公民道德教育"、"跳巴人舞、唱巴山歌、穿巴人服"的橙色民俗活动、"田间地头实践操作"的金色产业技能培训"四色"教育融入夜校教育培训内容。以文明风尚引领民风向善，以法治导向推动法治良序，以本土文化汇聚文化自信，以产业技能提振群众奔康致富信心。

截至2018年6月，农民夜校教育培训助力全县5.3万余名群众自主创业、脱贫奔康。如今在宣汉县广大农村，处处可见群众忙碌的身影，人人争先恐后，户户安居乐业，群众自力更生的脱贫新风扑面而来。

"三项管理"促实效，促进培训常态常效

天坪村夜校教师、农技站职工周洪宇坦言："我们现在上课也

是'压力山大'，你不选好群众喜欢听的内容、讲得孬，听课群众给你整个差评可是直接影响我们的评先选优、年度考核，还与年终绩效工资挂钩，不得不认真准备。"

据了解，为提升办学实效，压紧压实各村党支部办学主体责任，激励倒逼教师认真上课、学员积极参学，宣汉县探索建立学员评价考核教师、积分管理考核学员、星级评定考核办学单位"3项管理"考评办法，有效促进农民夜校培训常态常效。

截至 2018 年 6 月，宣汉县评定包括天坪村农民夜校在内的五星级农民夜校 10 个，农民夜校积分兑换物资折合人民币 6.3 万余元，调整群众评价不满意夜校教师 3 名，对工作开展不力、成效不好的乡镇党委书记进行了约谈，农民夜校做形式、走过场等现象得到全面改观，培训效果得到充分保障。

从"喂猪"到"养猪"

2016 年 7 月 20 日，习近平总书记在东西部扶贫协作座谈会上指出："摆脱贫困并不是摆脱物质的贫困，而是摆脱意识和思路的贫困。扶贫必扶智，治贫先治愚。贫穷并不可怕，怕的是智力不足、头脑空空，怕的是知识匮乏、精神委顿。脱贫致富不仅要注意富口袋，更要注意富脑袋。"① 在宣汉，也有这样一批依靠不懈努

---

① 中共中央党史和文献研究院编：《习近平扶贫论述摘编》，中央文献出版社 2018 年版，第 137 页。

力，掌握科学技术富了脑袋富口袋的成功人士。

在南坝镇园坝村顺丰养殖场，我们见到一位退伍军人武克兵正在圈舍里喂养生猪。几年来，武克兵在创业路上经历了一次次失败，又一次次从头再来，努力学习科学技术，用艰辛和汗水蹚出了一条致富路。

1992年10月，武克兵从湖北鄂州退伍回到家乡。面对生活，他满怀一腔热血，凭着自己健壮的身体，进厂当工人、当搬运工，什么苦活都抢着干，可收入微薄，勉强维持一家人生活，改变不了家庭贫困。

首次创业遭遇"滑铁卢"。穷则思变，武克兵拿出自己多年省吃俭用的积蓄3万余元，修建了一楼一底的养猪场，开始养生猪。孰料才过几个月，猪感染疾病，不懂养殖技术的武克兵傻了眼，眼睁睁地看着一头头猪死去，经济损失数万元，导致家里债台高筑。

这次惨痛的教训，让武克兵清楚地认识到，要发展养殖业，必须学会养殖技术。1995年，武克兵带着妻儿专门到福建一个养猪场打工，虚心拜师学艺。几年后，武克兵精通了生猪养殖技术，决定再次创业。

2012年，武克兵家庭发生巨大变故，母亲瘫痪，妹妹患癌症。为照顾母亲、医治妹妹，武克兵从福建返乡回家。没过多久，由于昂贵的医药费，武克兵花光所有的积蓄。面对当时的经济困境，武克兵不得不下井当煤炭工人，由于遭遇不测失去了右眼。

2014年，武克兵一家被评为贫困户。坚强的武克兵却始终羞于提及此事："我总感觉有愧于党，有愧于部队。"

2016年，武克兵通过国家扶贫政策扶持，在南坝镇党委政府的帮助下，毅然决定再次创业，创办了宣汉县顺丰养殖场，当年生猪出栏 65 头，赚到人生的"第一桶金"。

"通过学习现代养殖技术和管理经验，我才发现以前那只能叫喂猪，现在才叫养猪。"武克兵指着自己的养猪场说，"以前喂猪哪里需要科学哦，家家户户都可以喂，反正喂猪草、红苕、玉米等，吃饱就行，哪里需要什么科学配方哦。现在，猪饲料每天配备的比例、每头猪出栏时间都是经过科学测算的。"

"以前大家都有一个误区，一想到猪就觉得脏兮兮的，一想到养殖场，就是臭烘烘的。其实猪包括所有的家禽，都非常注意清洁卫生，既包括养猪场内部的清洁卫生，又包括养猪场周边的环境卫生。"武克兵指向养猪场周围的土地："我已经把周边的土地流转了，搞种养结合。"谈及中央环保督查，武克兵非常拥护，"其实环保督查从大的方面来说是保护绿水青山，从小的来说，是在提高养猪效益。猪也需要一个良好的生活环境，第一次养猪为什么失败？我在总结，关键的原因就是没有注意环境卫生。住家和养殖场离得太近，人也容易生病。现在你们看我的养猪场，圈舍全部在下风口，办公区域、配料间全部在上风口。环保督查就是让大家转变观念，就像以前大家进屋都是坐火儿坑，现在都是坐沙发。"

武克兵继续说："以我为例，我以前哪里知道猪粪还可以卖钱。环保一督查，很多地方就在想办法处理猪粪。我这猪场的粪，就卖给邻村独树梁的花椒产业园，500 元一吨，又是一个循环经济。"

2018 年，武克兵的菜猪出栏量达到近千头，收入近 15 万元，不但还清了家里的债务，也让母亲、妹妹看到了生活的希望。武克兵也主动退出贫困户序列。

武克兵现已成为园坝村最大的养殖户，被推选为三社社长，辐射带动全村发展养猪场 21 个，引领全村贫困户脱贫奔小康。

谈及园坝村的养猪，武克兵忧心忡忡："现在，我村发展大大小小的养猪场那么多，抵御市场风险的能力比较弱。一遇到市场波动，好多规模小的养猪场就会倒闭，好多家庭会因此返贫，产生新的贫困问题。"正是因为对养猪的执着，对乡亲的牵挂，武克兵不仅要经营好自家的养猪场，还随时与大家一起研究现代养殖技术，为本村养猪行业寻找出路。"我有信心和大家共进退，因为猪就是我们的孩子，我们要像养孩子一样搞好养殖，就不怕没有出路。"武克兵那黝黑的脸庞充满军人的坚毅。

"看到群众参与养殖迈向好日子，就是我最大的幸福。"武克兵说，他要把全村所有贫困群众引领到养殖中来，共同走向致富路。

小土鸡"生出"大财富

2018 年 8 月，中央办公厅、国务院办公厅下发了《中共中央国务院关于打赢脱贫攻坚战三年行动的指导意见》，提出强化到村到户到人精准帮扶举措，加大产业扶贫力度。该《意见》提出：深入实施贫困地区特色产业提升工程，因地制宜加快发展对贫困户增收带动作用明显的种植养殖业、林草业、农产品加工业、特色手工业、休闲农业和乡村旅游，积极培育和推广有市场、有品牌、有效益的特色产品。宣汉县在脱贫攻坚中发扬钉钉子精神，对接到户、帮扶到人，共同分析优势劣势，鼓励贫困户因地制宜开展生产，加大产业扶贫成效。

走进土黄镇白坪岭村土鸡养殖基地，40多岁的刘帮华正在喂鸡，3000多只土鸡在山野间"咯咯咯"叫个不停，犹如奏响了一曲农民致富新乐章，孕育着丰收的新希望。

刘帮华是2014年被识别为贫困户的。女儿上大学，儿子上小学，上有年过七旬的母亲，家庭没有收入来源，一贫如洗，这从刘帮华家现在的院墙上就看得出来。一来到刘帮华家门口，就看见他家院墙上印着"刘华土鸡养殖"的广告。对此，刘帮华很是不好意思："刚开始养鸡真是没有钱，找人做这个广告时，还把名字搞错了，重新印刷还要钱，我说就这样吧，还是不改了。"

正当刘帮华瞅着家里破旧的土墙房发愁时，帮扶小组进村了，他们摸清贫困户家里的基本情况，帮助贫困户规划产业发展，刘帮华决定利用自家林地养殖土鸡。

说干就干，在刘帮华的带领下，一家人分工有序：刘帮华负责跑各项审批、筹建养殖基地、寻求政策帮扶和技术指导，妻子负责清理养殖基地、筹备养殖饲料，母亲忙在房前屋后、分享自己的养殖经验，女儿在网络上成立线上土鸡营销账号、查找各类养殖信息。只有小学文化的刘帮华在女儿的帮助下，使出"洪荒之力"学习养殖技术：如何科学孵化小鸡、养殖过程中的注意事项、如何观察小鸡的健康状况、如何预防疫病等。

历时一个多月，生态土鸡养殖基地顺利建成。家里本身就负债累累，缺少资金怎么办？刘帮华坚信办法总比困难多，夫妻俩四处奔波，通过借贷、短暂赊欠等方式筹资，购回鸡苗3000多只，存活率97%，当年收入数万元，赚到人生的"第一桶金"。

历经三年，刘帮华逐渐扩大规模，先后投资 10 万余元，建成一个占地面积达 3500 平方米的土鸡养殖基地，基地占了大半个山头，年产值 20 万余元，成为村里第一个"致富带头人"。

通过创业致富，刘帮华拆除了破旧的土墙房，翻修了一幢漂亮的新房，屋内装修一新，家用电器样样具备，过着和城里人一样的幸福生活。谈到今后打算，刘帮华将逐步扩大土鸡养殖规模，利用鸡粪发展循环经济，大规模种植优质水果，配套修建生态农家乐休闲基地，助力全域旅游发展，带领全村人民富起来。

谈及成功，刘帮华感慨道："我们农民，不能单纯依靠国家扶持，要通过自己的双手勤劳致富，靠山吃山，又要保护绿水青山。"一张由宣汉县土黄镇党委政府颁发给刘帮华家的大红"脱贫光荣证"，整齐地贴在刘帮华家门口。

一名退伍军人的"草根民主"梦

商量就有力量，商量就是力量。有事多商量，遇事多商量，做事多商量，是社会主义协商民主的重要形式。正如习近平总书记指出："在人民内部各方面广泛商量的过程，就是发扬民主、集思广益的过程，就是科学决策、民主决策的过程，就是实现人民当家作主的过程。"干部与群众遇事多商量，是实施乡村治理、实现和保障群众权益的重要途径。在宣汉，依法治理、协商办事，已经成为乡村自治的重要方式。

"你觉得哪个不符合，你可以直接打电话，在家想不通的话，睡在床上都可以打，在我们村都是摆起说，大家评，没得不公平！"这是下八镇鼓寨村村主任王红英在 2017 年全村社员评低保大会上慷慨激昂的讲话。

"我们好几年都是严格按照村民自治法来办事，村民的事，大家都有发言权，没得哪个有那么大权力，一个人说了算，这些事，大家共同说了算。"大嗓门王红英骄傲地说："我们村以前只知道这叫公平，现在提依法治国了，才知道这叫依法办事！"

2015 年 11 月 26 日，鼓寨村迎来具有历史意义的一天，宣汉县村（社区）依法治理试点工作正式启动，上千人动员大会在此举行。

对于鼓寨村党支部书记、退伍军人胡宗奎来说，这是一个特殊的日子，40 年前在部队的民主梦终于在年近花甲时照亮现实。

胡宗奎其貌不扬，头发已花白，说话带着浓厚的卷舌音。小时候，常被伙伴嘲笑为"夹舌子"。初中毕业，有幸考上高中，由于家庭贫困，无法继续求学。70 年代的初中毕业生，在农村是有文化的人，回到家乡黄桷村，当上了大队会计。1975 年 7 月，刚过 18 岁的胡宗奎光荣地成为一名共产党员。

1976 年，胡宗奎光荣参军。进部队后，不久被推选为部队的文书，一干就是 5 年。"这五年，是我看书看得最多的时期，也是我开始学会思考人生的黄金时段。当文书期间，我有机会接触报刊杂志，特别是十一届三中全会的一些理论，对我人生有很大的影响。那时，我就琢磨，一个地方要改变贫穷，就要发展，发展要靠群众，干群要和谐。这种和谐靠什么？靠信任！我所理解的信任就是要公开、透明、一碗水端平。"

一心想着改变家乡贫困，胡宗奎毅然于1982年退役回家，最初在村上任团支部书记、计生专干兼任社长。2001年，胡宗奎被选举为黄桷村党支部书记。从此，他将全部的心思放在800多名群众身上，开始琢磨如何治理好一个村。2003年，下八乡各村还没有一条公路，胡宗奎便组织父老乡亲出工出劳，修起第一条通往深山的致富路，给村民吃了一颗定心丸。

2004年，宣汉县各地实行村社合并，下八乡原黄桷村、鼓寨村合并为一个村——鼓寨村，胡宗奎被选举为合并村党支部书记。原黄桷村有800多人，工作难度不大。原鼓寨村有1800余人，历史遗留问题较多，村情非常复杂，上访不断。两村以小河为界，自成两派，两边地方家族势力你不服我、我不服你。刚上任，群众向政府反映："他那个样子，话都说不清楚，还来当我们这样的大村书记，不得行！"

就是这样一个没被别人瞧得起的人，通过短短三年时间，用实际行动抓好村上各项工作，跃居全乡第一，为全乡树立了一面红旗。让胡宗奎记忆犹新的一件事，就是整顿原村社干部账务。"难怪以前村里工作做不走，发现大部分村社干部的农税提留没缴。干部都不缴，让群众缴，这怎么对呢？"短短一周时间，他发动村民监督，让那些曾经欠款的村社干部补交农税提留，小河两岸村民刮目相看。

2011年，下八乡还没有一条硬化公路，很多村连土路都不通。2012年撤乡建镇后，下八镇党委政府大力实施"十二五"规划，拟定里程在3公里内的五个村实施公路硬化工程项目，鼓寨村因里程6公里落选。看着群众硬化道路的愿望那么迫切，胡宗奎彻夜难眠，怎么办？第二天，他率领村"两委"一班人，主动向镇党委政府请示，强烈要求把鼓寨村规划在内，承诺多余的里程由村上自筹修建。通过争取，鼓寨村被纳入"十二五"规划，拟定实施道路硬化工程项目。

立下军令状后，胡宗奎立即返回鼓寨村，下好"五步棋"：第一步，召开党员干部大会，讨论"鼓寨村村道要不要硬化"，统一大家意见，形成决议，全体参会人员签字同意。第二步，组织全村党员、干部、村民代表召开动员大会，通过表决，全部同意支持硬化。当时，还面临一个现实问题——这条村道沿线只有 4 个社能近距离享用，有 3 个社不能直接惠及。第三步，召开片区社员大会，一片在原鼓寨村学校，一片在原黄桷树村学校，宣传"谁享受谁付出"政策，得到群众支持。第四步，召集村"两委"干部，一起拟定筹资方案，在全村进行广播，让大家讨论，讨论结束后，形成决议。第五步，实行工程公开招标，党委政府监督，招标后组织实施，制定村规民约，组织村上有威望的老同志全程监督施工。每一步，胡宗奎都留下原始资料，要求参与人员签字盖章，充分发挥民主作用，让群众对村"两委"干部产生信任。

鼓寨村研究决定硬化道路这事，为 2015 年底在鼓寨村实行"四会管村、五步议事、三项监督"依法治村模式提供了雏形。

村道修好后，还有几个社的社道没有硬化，成为胡宗奎的心头病。那时，没有任何项目，胡宗奎打算倡议群众自筹。自筹的参数怎么计算，群众愿不愿意筹，自筹部分加国家项目争取的模式行不行得通，这些问题都需要破解。胡宗奎组织召开村民大会，听取村民意见，最后以村规民约的形式规定：每条硬化公路由群众自筹，每公里 11 万元，群众管钱管账，定时公布账务，村上监督实施，谁筹资到位，就先修谁的路。2012 年，围绕修路问题，各社先后召开了五六次会，通过群众表决，有三个社同意筹资修路。

鼓寨村 7 社，社道虽然只有 400 多米，但是因地势险要，工程并不简单，有部分群众不愿意筹资。想到要改变 7 社生产生活环境，村"两委"决定：不等不靠，快速修好路。为让那部分群众筹资，胡宗奎一家一家做工作。由于工程量大，群众筹资依然不够，胡宗奎心生妙计，跑到北京号召宣汉籍在外工作人员筹资 2 万余元。在回家途中，路过翻水桥，由于心系修路，加之连日奔波，掉下桥摔伤了。7 社社长带着几个村民代表赶到医院看望，这让年过半百的他在病床上感动得泪流不止。

有了百姓的认可，胡宗奎干得更加起劲，坚定了为群众干实事的决心。2014 年底，鼓寨村社道路硬化质量和里程在全县名列前茅。

2014 年，党的十八届四中全会作出《中共中央关于全面推进依法治国若干重大问题的决定》，提出推进基层治理法治化。2015 年11 月，四川省委强调：要构建以村党组织为领导核心，村民会议或村民代表会议决策，村民委员会执行，村务监督委员会监督，其他组织为补充的"一核多元、合作共治"村级治理体系。

在这样的背景下，2015 年 11 月，宣汉县人大常委会对村民委员会组织法落实情况开展调研。调研结果表明，村（社区）一级干部侵害群众切身利益问题时有发生，全县信访总量的 90% 来自农村，县委决定开展村（社区）依法治理工作试点。调研组从鼓寨村修路村级决策卷宗中，看到了法治在乡村的可行性。最终，经过反复提炼总结完善，调研组提出了"四会管村、五步议事、三项监督"依法治理模式，县委决定在鼓寨村试点。胡宗奎高兴不已，看到自己用村民自治法管理村社的经验得到推广，欣然同意在原来基础上探索创新。当年11月底，鼓寨村正式启动"四会管村、五步议事、三项监督"依法治理模式试点工作。

"四会管村"，就是要构建以村（社区）党组织为领导核心，村（居）民会议或者村（居）民代表会议决策、村（居）民委员会执行、村（居）务监督委员会监督、其他组织为补充的"一核多元，合作共治"的组织构架。"五步议事"，即村党支部提议、村"两委"合议、各界人士商议、党委政府审议、村民会议决议，彻底纠正过去村"两委"少数人决策或下命令现象，让乡镇党委政府正确摆在对村的指导监督位置上。"三项监督"，即干部履职监督、"三务公开"监督、村级账务监督。

2016年1月10日，鼓寨村村民代表会议通过《下八镇鼓寨村村级重大事项民主决策"五步议事"实施办法》、《下八镇鼓寨村村务管理制度》、《下八镇鼓寨村村务监督制度》等制度，明确了村级重大事项范围，村级重大事项决策程序（五步议事法），村集体资产、财务管理等内容；正式成立村务监督委员会（由3至5名德高望重的村民担任，不计报酬）。通过试点，胡宗奎终于让鼓寨村绽放出法治文明之花，实现了自己40多年的心愿。

随后，宣汉在全县推广"四会管村、五步议事、三项监督"依法治理模式，成功解决了土地流转、资金短缺、农户收入等问题，为下八镇米岩村花海旅游基地、茶河镇圣水村猕猴桃产业园、双河镇大田村蓝莓谷等乡村剧变提供良好的法治环境。

在五宝镇推广运用时，三元村村民张守文感慨："过去，我们村是书记主任碰碰头，群众不知哪一头，现在有了'453'，村里啥事都尊重我们的意见，由我们自己来决定，即使办不好我们自己也有责任。"

"四会管村、五步议事、三项监督"之所以有生命力，就在于集中了民智、顺应了民心、激发了民力，把知情权、参与权、表达权、监督权都还给了群众。老百姓自己的事或是涉及群众自身利益的事，干什么事、怎么干都由群众自己说了算，他们愿意协商、有话能说、有话愿说、说话管用，所以积极性被调动起来，自觉地转化为群众的内生动力，推动农村经济社会发展。

大红灯笼挂起来

1959 年 10 月 26 日至 11 月 8 日，全国工交群英会在北京召开。宣汉县上峡铁厂冉隆贵、张明池获得全国工交群英会授予的先进生产者称号，受到时任国务院副总理兼秘书长、负责国务院常务工作的习仲勋同志接见。60 年过去了，宣汉县的劳模精神还在不在，全县公民道德建设的成效怎么样？

改革开放以来，在国家经济实力大幅跃升、人民物质生活水平不断提高的同时，广大人民群众的精神面貌发生了巨大变化，公民道德素质明显提高。但是，由于受多种因素的影响，公民道德建设仍然存在着不少问题。

在中国农村依然有一些人道德意识和法治观念淡漠，不讲诚

◆ 模范户领取"大红灯笼" 县委宣传部提供

信、不守法规、不懂感恩，不尊老孝老、等靠要、信访不信法、只讲权利不讲义务。一些人在城里买了房，却把父母留在农村住破房子，甚至常年不回家看望，有的还把子女让老人带，却不寄钱不探望，不孝顺老人、不抚养子女；一些人只讲索取不讲奉献，经常找政府和领导要这要那，而且狮子大开口，甚至以享受低保、救济等优抚政策为荣，思想严重失衡；一些领域道德失范，是非、善恶、荣辱、美丑界限混淆，见利忘义、损公肥私、欺骗欺诈行为时有发生；一些地方宗族势力抬头、社会治安混乱、大操大办等奢侈浪费之风盛行，封建迷信等社会丑恶现象滋生蔓延。

2016年9月，宣汉县委决定在全县范围内开展以"诚信·守法·感恩"为主要内容的公民思想道德教育活动，着力解决群众思想道德教育"最后一公里"问题。

宣汉县把开展以"诚信·守法·感恩"为主要内容的公民道德教育活动，作为培育和践行社会主义核心价值观的重要途径、具体抓手和生动实践，融入群众日常生活，全面提高公民道德水平和社会文明程度。

针对部分群众理想信念弱化、法治观念淡薄、道德失范、不懂感恩等突出问题，开设"道德讲堂"，通过专题讲座、院坝会、农民夜校等形式，突出"三项"教育，切实加强群众思想道德教育。

突出"诚信教育"安身立业。突出道德约束与制度管束相结合，加强干部群众社会公德、职业道德、家庭美德、个人品德"四德"教育，开展诚信故事会、经典诵读等活动600余场次，组织12万名群众参与身边诚信模范选树。在县委活动办的指导下，全县569个村（社区）建立了道德"红黑榜"发布机制，红榜扬善举，黑榜亮陋习，通过道德"红黑榜"把正、反两方面人和事公布于众，引领鞭策群众讲品行，扬正气，树新风。县法院为加大失信惩戒力度，在车站、广场 LED 大屏幕、公交车载广告和楼宇电梯广告持续滚动播放失信被执行人基本信息，制作了 1000 份失信被执行人基本信息公告，张贴在所辖乡镇、村、社区公告栏内，将失信曝光触角延伸到基层每个角落，构建起覆盖城乡、联通部门、融合行业的诚信体系，积极营造"诚信光荣、失信可耻"的社会氛围。

突出"守法教育"良序善治。坚持守法教育与创新社会治理相结合，紧密联系"七五"普法等活动，充分整合普法讲师团、普法志愿者队伍、"法律明白人"等各类法治教育平台，在农村突出村"两委"干部、外出务工经商人员、农村青少年儿童三类重点人群，在社区突出社区干部、城镇新居民、社区特殊人群三个重点群体，举办法治讲座、开展法律咨询、组织法治文艺汇演、开设巡回法庭以案说法等实践活动 470 余场次，引导广大群众争做遵纪守法的好公民。同时，健全村规民约、居民公约，健全公民和组织守法信用记录，完善守法诚信褒奖、违法失信行为惩戒等机制，推动形成办事依法、遇事找法、解决问题用法、化解矛盾靠法的法治良序，积极营造"守法光荣、违法可耻"的社会氛围。

突出"感恩教育"励志奋进。结合脱贫攻坚、五保低保评定、惠农补贴发放等工作，借助婚丧嫁娶、文化广场、农村广播、联村入户等形式，把群众感恩教育与社会主义荣辱观教育、核心价值体系教育、法治教育结合起来，不断引导广大群众感恩党、感恩祖国、感恩社会、感恩父母，营造爱党爱国、敦亲睦邻、勤俭自强、敬业奉献的良好人际关系和社会环境。

宣汉县注重从个人、家庭、社会三个层面，纵深推进活动务实开展。

树优"个人"典型，大力开展爱国主义、集体主义、社会主义教育，广泛评选出"好儿媳"、"道德模范"、"感动人物"等一批叫得响、能示范带动的先进典型，增强群众参与过程中的荣誉感、愉悦感、受教感，引导广大群众坚定中国特色社会主义信念，形成爱国、敬业、诚信、友善的道德风尚，养成遵守法律法规和社会公德的良好习惯。

培育"家庭"新风，广泛开展"晒家训、亮家风"，"除陋习、树新风"，"孝老爱亲"等活动，在城乡公共场所悬挂社会主义核心价值观宣传标语 8000 余幅；突出建筑围栏这一重要宣传载体，指导各乡镇和县级部门发布"图说社会主义核心价值观"和"讲文明·树新风"公益广告 10000 余幅。在全县机关、社区、医院、学校、商场等发布社会主义核心价值观和"讲文明树新风"公益广告 6000 多处；新建宏帆巴人广场、宣传文化中心广场两座社会主义核心价值观主题广场，实现社会主义核心价值观学习宣传城乡全覆盖。

营造"社会"氛围，利用车站、码头、图书馆、电影院、爱国主义教育基地、银行网点、公交站台等公共平台，积极宣传道德知识、道德规范、道德礼仪，成功打造明月乡大渔池村、黄石乡白鹤村等 8 个农村精神文明建设示范点，用农民群众易于接受的方式，对"家礼十循"、"好家风好家训"、"现代二十四孝"等进行广泛宣传，让人民群众在潜移默化中受到教育引导。编印发放了《新家园、新生活、新风尚》和《家礼十循》宣传手册 1 万余册，营造"诚信·守法·感恩"教育的强大声势，在全社会形成强大的道德约束力，在耳濡目染、潜移默化中提升公民道德素养。

宣汉县注重"三大引领"，倡树文明新风。

以优秀文化引领价值取向。创编小品《挖穷根》、快板《争做宣汉好公民》、微电影《小茴香》等文艺作品，创作美术书画200余幅，征集《感恩奋进创辉煌》、《装满背篼的父爱》等文学作品100余篇，编印《我的家乡——宣汉》10万册，将这些取材于生活的文化作品通过走基层、进乡村、入院坝等形式进行演出、宣传和展示，引导广大群众潜移默化地增强道德自觉。特别是拍摄播映"诚信·守法·感恩"系列公益广告3部，通过县电视台、户外LED大屏幕、公交车车载电视、微博、微信等载体播出后，产生了广泛良好的社会影响。

以文明新风引领乡风民风。深入开展"新家园、新生活、新风尚"和"推动移风易俗·树立文明乡风"活动，积极创建省级"四好村"，组织动员50余万名群众直接参与，倡导健康向上的生活方式，特别是对铺张浪费、炫富攀比、天价彩礼、大操大办、薄养厚葬、封建迷信等陋习进行重点整治，推动乡风民风持续改善。

以先进典型引领社会风尚。每年腊月二十，作为公民道德教育活动颁奖日。县领导深入到联系乡镇为"思想道德建设先进村（社区）"授牌、为"思想道德建设模范户"代表颁发并悬挂特制大红灯笼，将评选出的"诚信·守法·感恩"先进典型的照片像"明星"广告一样矗立在公路干道、商业街区、公交站台等重要位置，增强先进典型和模范代表的荣誉感、自豪感。2017年，全县评选出思想道德建设先进村（社区）71个、县级模范户2.2万余户、乡镇模范户 4.8 万余户，村（社区）达标户 12 万余户，通过"红灯笼"鼓励先进，鞭策后进。宣汉的"红灯笼"成为群众思想道德教育的有力手段和方法，让这道风景线更加亮丽夺目。

在调研中，我们发现，这些活动的开展，让更多的人对道德有了更深的理解，激发了广大群众严私德、守公德、明大德的强烈意识，进一步净化了社会风气，凝聚了道德力量，优化了发展环境。诚信缺失现象得到遏制，相互攀比陋习不断减少，急躁浮躁暴躁的社会通病逐渐消解，治安状况日益好转，社会正义更加彰显，聚在一起说长道短、酗酒赌博、惹是生非的少了，休闲广场、健身步道、公园晨练的人气旺了，亲朋、邻里之间走动频繁了。据统计，2017 年以来，全县约 35.6 万在外务工人员回家与父母团聚，92.5 万人次加入了传统的走亲访友队伍，11.6 万留守老人、留守儿童得到了关爱和照顾，浓浓的乡情、友情、亲情回归本真，形成了健康向上的社会风尚。

1983 年出生的宣汉庙安乡龙潭村预备党员、扶贫专干陈忠美，20 多岁时从八庙村嫁到龙潭村，如今两个儿子都在上中学，2016 年丈夫出车祸不幸离世，依然对公公婆婆不离不弃，硬是凭自己的勤劳、聪明，种李子、开百货店、做本乡的腊肉经营，每年的收入都在 15 万元左右，成为远近闻名的孝顺媳妇、能干媳妇。淳朴的乡风民风成就一方良好的发展环境，家和人美的故土激发了浓烈的桑梓情怀。宣汉县在外乡友将感恩之心化作报答家乡的实际行动，回引创业项目 600 多个，投入资金超过 100 亿元，带动农民增收 10 余亿元。

"无理不要取闹，有理也要依法"

在传统社会，依靠血缘、地缘、亲缘为纽带的自治结构维系着乡村社会的运转，宗族族规、村规民约是乡村治理的基本规范。而在现代社会，市场经济条件下的契约精神和规则意识塑造了现代法治，不论是在熟人圈子还是陌生人社会，都奉行一套相同的规则体系，这就是法治的力量。2014 年，党的十八届四中全会专题研究全面依法治国问题，提出法治国家、法治政府、法治社会一体推进，为包括政府和公民在内的全体社会成员提出了依法办事的明确要求。

实际上，贫困村不少人法律意识淡薄，对于一些背后有着强大家族势力的人来说，"打得赢就是大哥、打不赢就是二哥"，在川东北地区农村，这种思维今天依然影响着人们的生活。

2016 年 4 月初，针对贫困地区人们法治思维淡薄的现状，达州市组织开展"助力精准脱贫、一村一法律顾问"行动。为打通服务基层法治服务"最后一公里"，宣汉县派出 121 名律师、基层法律工作者与 211 个建卡贫困村签订免费法律顾问合同，提供"贴身法律服务"。在双河镇法律服务所工作 20 余年的谭治明是其中之一，被派到双河镇天井村、仓门村、越岭村担任法律顾问。

当贫困村法律顾问公示牌上墙时，基本上无人问津，当地老百姓根本不关心。"刚开始到村上，根本没有人搭理我，连村干部也认为给他们添麻烦，因为我要占用一块地方。"谭治明感慨。

然而，短短十天后，因为一件人命关天的大事，改变了大家的看法。

2016年4月21日下午7时许，双河镇石垭村村民王某某在天井村万屋嘴扛木料上车，由于靠车跳板滑落，王某某随扛在肩上的木料一起从跳板高处坠落……重重地摔倒在水泥路上……村民姜某某，迅速跑去抢救，发现王某某已停止呼吸，当场死亡。

面对突如其来的变故，姜某某一时手脚无措，慌忙给天井村干部万某某打电话，告知这一消息。万某某获悉后，第一时间赶到现场，迅速通知石垭村干部和死者亲属。30分钟后，天井村干部和死者亲属全部赶到现场。死者家属情绪激动，要找姜某某算账……原来，死者王某某是姜某某雇用的工人，帮姜某某扛木料上车。

经石垭村干部田某某协调，双方达成一致协议：姜某某先支付安葬费1.5万元，配合死者亲属把死者送回家。当天晚上9时，姜某某把死者送到家，帮忙安排死者丧事，一直忙到第二天凌晨5时。

2016年4月22日下午4时，姜某某又被村干部通知到死者家中调解，在村干部的见证下，签下了《关于王某某工伤意外死亡赔偿协议》。经双方协定，姜某某在支付死者亲属赔偿款60万元。

姜某某回到家，眼看家中一贫如洗，无钱支付高额赔偿金，遂产生轻生念头。2016年4月23日，他喝下农药自杀，想以人死账消的过激方式解脱。亲属及时发现，迅速送当地医院抢救，避免了发生次生死亡事故。

2016年4月25日，王某某家属要求姜某某履行协议赔偿60

万元，眼看躺在医院不省人事的姜某某无法兑现，痛失亲人的王某某一家有了极端想法：扬言要把尸体抬至镇政府。

双河镇党委政府高度重视，指派双河镇司法所和担任该村法律顾问的法律服务所人员迅速介入。他们一方面安抚双方当事人的情绪，一方面准确做出判断，将该纠纷定性为提供劳务者受害责任纠纷，属雇员受害情形，决定把高额赔偿协议效力和赔偿数额标准作为焦点开展矛盾化解工作。

化解刚开始，双方对赔偿金额分歧严重，村法律顾问首先了解了死者亲属的实际困难，利用法律顾问第三方身份拉近与当事人的距离，获得死者亲属的信任后，当即建议把当事人单一参与模式与邀请死者熟人朋友协助调解相结合，通过人文关怀和人性化劝导，促使双方当事人坐下来心平气和地商谈。

在商谈过程中，死者王某某的亲属见姜某某一方仍不能答应赔偿60万元，情绪再次激动，鼓动多位亲属采取极端做法给镇政府施压，企图混淆视听，造成舆论压力。镇政府、村"两委"和法律顾问一方面果断采取措施严厉制止违法行为，另一方面安排法律顾问抓住有利时机进行突破。危急关头，法律顾问顶住压力，主动与死者方王某某亲属交涉，动之以情、晓之以理，在其情绪恢复平静后，分别约谈双方当事人代表，反复做思想工作，通过摆事实、讲道理，剖法析理，重点就赔偿标准依法进行详细讲解，引导其转变态度。经过36个小时的矛盾纠纷化解，双方在法律顾问的主持下，按照《最高人民法院关于审理人身损害赔偿案件适用法律若干问题的解释》之规定，自愿以26万元的赔偿金额重新签订协议，并完成赔偿，矛盾纠纷得以有效化解。

　　像这样的典型案例，是宣汉县在"助力精准脱贫、一村一法律顾问"行动中助推脱贫攻坚的一个缩影，具有里程碑意义。

　　姜某某一案让老百姓亲身体会到用法律维护自己权益的重要性，当谭治明和法律服务所的伙伴们再进村时，村民不再把他当外人，很多困难群众没有纸，就把他的电话记在手板上。从此，村民凡是涉及法律相关问题就去找他，遇到其他问题也去请他出主意想办法。

　　2016年5月13日，双河镇法律服务所在天井村举办了一场法治讲座，现场以案说法，用发生在身边的案例教育引导群众，当地百姓听后，学会了用法律武器来维护自身合法权益。类似这样的讲座，全县已经成为常态化。

　　全县派出121名法律顾问，担负着为贫困村村社提供法律意见，为群众提供法律咨询、申请法律援助、法治宣传、纠纷调解等服务，建立法律顾问工作台账，做到人人有职责，事事有程序，干事有标准。

　　2017年7月24日，双河镇仓门村发生一起交通事故，导致1人死亡。在法律顾问谭治明的法律援助下，迅速依法调解，双方达成一致协议。如今，只要双河镇遇到这样的大事，当事人双方不会靠武力解决问题，而是依法维护合法权益。正如贫困户万某说："以前，我们遇到事情想打官司也给不起费用，一般都是私了。现在，国家政策好，我们这些穷人可以免费打官司了。"

　　2017年，宣汉县为非贫困村选派法律顾问，为贫困户提供法律服务，同时积极参与全县491个村的村规民约制定，为村级重大事务决策提供法律意见。截至2017年底，全县法律顾问开展普法宣传活动数千场次，受众达数万人，指导化解基层矛盾纠纷数百件，为村集体经济发展和基础设施建设等审查把关合同数百份。

智力支乡花开正艳

造福桑梓，是久别家乡的中国人报答家乡父老养育之恩的传统美德，是体现同乡情谊、安放思乡感情的一种方式。阔别宣汉的游子在国内外打拼奋斗，施展人生抱负，开阔了眼界、收获了财富，是宣汉不可多得的一支智力大军。

2017年，宣汉县成立智力支乡联谊会，不断集聚乡友力量，发挥乡友联系广泛、资源优势突出、信息面宽量大等独特优势，有计划、有步骤、卓有成效地开展各项工作。

自召开"回乡迎春恳谈会"、"宣商回引"工作座谈会后，各地分会和乡友积极响应县委、县政府的号召，认真建言献策：建议县委、县政府通过举办各类活动，带动全国各地乡友回乡寻根谒祖、参观考察，为家乡引进更多的项目和资金，占建言数的50%；建议县委、县政府大力发展壮大宣汉的物流企业，解决投资商的后顾之忧，占建言数的20%；建议县级相关部门在每年9月初收集整理大学新生的录取信息，及时提供给相应的支乡分会，培养支乡组织的后备力量，占建言数的15%；建议县级相关部门创建全国各地分会的微信平台，当好宣汉的"千里眼、顺风耳"，让乡友的交流更密切、信息传递更便捷，占建言数的10%。这些建言得到县委、县政府的高度重视，为科学决策提供强有力参考。

建设家乡异彩纷呈。重庆分会副会长王千寿在东乡镇磨峡村租赁土地1000亩，投资建立柠檬园，第一期已投资1500万元。重庆分会副会长谢铮拟投资2亿元在巴山大峡谷附近建设"服务驿站"，分三期建设，一期投资3000万元。京津分会执行会长田小兵，副会长胡平、赵波等已在县城投资发展餐饮服务业；北京分会符文军拟投资5000万元在君塘镇君坝村建设"全国青少年法治教育实践基地"和"巴人图腾博物馆"。浙江分会会长唐堂，副会长张国全投资8000万元成立"四川云脉科技有限公司"，已在宣汉注册，APP上线落地……这些项目的回引，改善了宣汉的产业结构，增强了宣汉经济发展后劲。各地分会和在外乡友回到家乡从事种植、养殖、加工、乡村旅游等项目达到600多个，工商资本投向现代农业的资金超过100亿元，带动农民增收超过10亿元。

捐资助学成为常态。京津分会先后到宣汉中学、宣汉第二中学慰问40名贫困家庭优秀学生，并为每位学生捐资3000元学费。成都分会副会长赵百权资助东乡镇黄金槽村在四川农业大学就读学生廖仁勇现金5000元。广东分会执行会长黄平资助宣汉职中畜牧班学生欧存燕4000元（每月资助500元）。京津分会餐饮食品协会在昆池职中隆重举行了"浦江奖学金"发放仪式，为该校40名学生每人发放奖学金1000元，为学校捐资现金2万元。京津分会执行会长田小兵为塔河镇中心校捐赠价值15万元的笔记本电脑25台。京津分会杨波动员北京市渔业协会常务副会长黄立春一行到天宝乡中心校，为35名贫困学生进行了捐助，每人捐助1200元，直到他们大学毕业。成都分会为凤林乡中心校、南坝中学的 15 位大中小学生按每位 3000 元、2000 元、1000 元的标准进行资助。上海乡友余兴红与共青团宣汉县委签订"兴红·青春助学金"管理协议，助学资金共计 120 万元，全部用于资助宣汉籍贫困学子。

扶贫济困奉献爱心。成都分会组成慰问组，慰问了东乡镇金碧社区贫困户修策、东乡镇贫困党员杨光、达州市劳动模范汤兴春、黄金槽村 87 岁的曾参加过抗美援朝战争的退伍军人廖开木和居住在县光荣院的 15 位老人，为他们送去大米、食用油、现金等。成都分会副会长赵百权回到家乡，摆起坝坝宴感恩众乡亲，还特地请来了全镇 46 家贫困户代表参加，为 46 家贫困户每家准备了 300 元钱的红包、一壶食用油、一壶白酒、一块猪肉。成都分会举办年会，现场发动乡友为老君乡贫困学生捐款达 30 余万元，修建老君乡垭豁村幼儿园。在县政协开展的"企业帮村、委员帮户"活动中，外乡企业界委员为扶贫捐款达 10 多万元。浙江分会常务副会长孙久华，在大成镇敬老院摆起坝坝宴慰问孤寡老人。

牵线搭桥助力家乡发展。广东分会会长符光明，执行会长黄平，副会长张松、李世民等，在全县的招商引资工作中，主动作为，献计出力，做出了积极的贡献，促成了乡友马茂华的广川铝业落户柳池园区和港中旅业与巴山大峡谷签订了战略运营协议等多家企业到宣汉投资兴业。京津分会会长向勇，执行会长田小兵，副会长徐强等，积极协助县级相关部门做好与国家相关部门的对接工作，为全县重大项目的争取尽了最大努力。

为给各地乡友搭建"联系、交流、服务、宣传"的交流平台，联谊会先后到西藏、新疆、上海、浙江等地走访慰问乡友，修订编印第三版乡友通讯录，收录乡友人数 4000 多人。

"君自故乡来，应知故乡事。"智力支乡，花开正艳。一个个生动的故事和鲜活的人物，彰显了乡友关心家乡、热爱家乡、回报家乡的赤诚之心。

第六章　以党建带动脱贫攻坚

火车跑得快，全靠车头带。一个地方能否发展，能否有效带领老百姓发家致富，与那里的党组织战斗力有关系，与干部的能力有关系，与党员的带头有关系。早在福建省宁德市工作期间，习近平同志就明确指出：建设好农村党组织是"加强脱贫第一线的核心力量"。2012 年底，习近平总书记在河北省阜平县考察扶贫开发工作时指出："农村基层党组织是党在农村全部工作和战斗力的基础，是贯彻落实党的扶贫开发工作部署的战斗堡垒。抓好党建促扶贫，是贫困地区脱贫致富的重要经验。要把扶贫开发同基层组织建设有机结合起来，抓好以村党组织为核心的村级组织配套建设，把基层党组织建设成为带领乡亲们脱贫致富、维护农村稳定的坚强领导核心，发展经济、改善民生，建设服务型党支部，寓管理于服务之中，真正发挥战斗堡垒作用。"①

如何以党建凝聚力量，带动脱贫攻坚？当前，党员干部口中的

---

① 习近平：《做焦裕禄式的县委书记》，中央文献出版社 2015 年版，第 21—
22 页。

"党建工作"既包括党的自身建设如管党治党的工作，也包括党组织领导核心作用的充分发挥。党群关系是同心圆，意味着管党治党应该落到"最后一公里"，执政的重心应沉向基层，充分发挥党员干部的模范引领作用和党的基础组织的战斗力，把党员群众凝聚在党的周围，不断提升党的组织力。在宣汉县，村党支部是脱贫攻坚的最前线，党支部一班人一心为公、一碗水端平、一竿子插到底、一门心思抓脱贫，把党的好政策和本村实际结合起来，就能拧成一股绳，形成治理贫困的"加速度"；向贫困村选派第一书记，体现了把党的执政重心沉向基层的努力，第一书记也能成为全村的领头人、主心骨，助推村庄旧貌换新颜；县委做好制度设计，调动广大基层干部积极性，大力惩治腐败，克服机关干部的"懒作为、慢作为、不作为"，调动全县党员干部干事创业的积极性，脱贫攻坚有了坚强的政治保障；以党建凝聚力量，还需要通过党组织凝聚资源、凝聚人才、寻找机遇，让各种社会力量共同参与脱贫攻坚工程。

苦村蝶变的背后

河南兰考县委书记焦裕禄有一句名言："干部不领，水牛掉井"。意思是，干部不去组织和带领群众，就如水牛掉在井里，有再大的劲头，也找不着北。

"能脱贫，是我们祖祖辈辈都十分期盼的事，每次与乡亲们交流，我都能听到他们内心那无声的渴求和无助。"龙泉土家族乡黄连村党支部书记胡晓玲回忆起村里脱贫前"支部吼不听、书记管不住、想带带不动、想富无门路"的景象，仍然记忆犹新。

黄连村，地处宣汉东北部，距县城130余公里，全村共有524人，大多数都是土家族人。由于自然条件差、产业底子薄、支部堡垒弱，该村积贫已久，乡亲们日子过得比中药黄连还苦，故取名"黄连村"。当地村民曾用"住的是茅草棚、吃的是酸浆浆、穿的是烂巾巾、睡的是冲壳子"来形容生活的窘迫。

穷则思变，差则思勤。近年来，村党支部一班人就是在这样的逆境中，反复思索，苦苦探寻"让支部强起来、让群众信心拾起来、让百姓富起来"的康庄之路。

"标准工作法"让村级管理"由软变硬"

"以前各类会议、诸多报表、突击任务，忙得不可开交，成天图于应付，或只为完成任务。"黄连村主任向应田回忆说："那时不仅身体累，而且心也很累，最关键的是老百姓还不理解，我们自己也不晓得抓的个啥。"

随着各类机构改革、部门服务触角的不断延伸，村级行政职能日趋多样化、负荷化，加之村级工作面宽量大、内容繁杂，党支部建设成了黄连村的最大难题。

"合抱之木，生于毫末；九层之台，起于累土。"基层党支部的建设水平直接影响脱贫攻坚进程，胡晓玲与支部一班人，迎难而上，从支部建设标准化、规范化做起，认真学习全市推广的"党支部标准工作法"，立标准、定规则，落实县委提出的"一套清单、两项监督、三重保障"，职责进一步明确、任务进一步细化，标准进一步明晰。

如何抓支部标准化，一套清单告诉你，什么时候该做什么事，怎么做，做成什么样。

如何让村（党）务阳光化，两项监督传压力，片区现场会让你紧起来、干起来，书记评议会促你动起来、实起来。

如何让支部有能人干事、有钱办事、能办成事，三重保障支持你，上级组织人、财、物充分到位。

"党支部标准工作法"在少数民族地区的黄连村全面落地，支部建设由原来的随意化，变得规范化起来，该村党支部的凝聚力、战斗力、向心力大幅提升。

"以前村上召开党员大会，不是张三请假，就是李四迟到，缺的缺、走的走，很难到齐，效果极差。"黄连村党支部委员廖传文如实说到，"有了标准，就有了规矩，许多党员从不感兴趣，到主动参与，态度大为改观。"

"党员群众积分管理"让黄连村百姓"由懒变勤"

"赢积分、换物资，黄连过上好日子。"在黄连村流行着群众自编的一句顺口溜，讲述着村里的喜人变化。这变化，还要从实行党员群众积分管理办法说起。

贫穷之村，常有惰性之根。据该村党支部委员廖传文讲述，那时群众用"靠着墙壁晒太阳、等着干部送小康"来形容，一点都不为过，大部分老百姓思想狭隘、安于现状，重来生轻今生，导致子女入学率低、辍学率高，贫困代际传递。

脱贫攻坚，重在扶"人"，难在攻"心"。黄连村党支部一班人对此是看在眼中、急在心里，万般无奈。一次偶然，在支部会上，有党员提到"可否思考一种办法，既管住村上党员、干部，还可以激发普通老百姓奔小康动力。"就这样一句提示，胡晓玲灵机一动，当场补充会议议程，积极商讨探索实行党员群众积分管理办法细则。

"不赡养老人、抚养子女的扣分，损毁公共设施的扣分，引进产业大户投资的加分……"

"干好事加分，搞破坏扣分，让积分高的换取物质、尝到甜头……"

"村民都很要面子，看到别人加分，自己扣分着急，不用多说，他下次就会主动挣分弥补……"

就这样，大家你一言我一语，党员群众积分管理办法的轮廓初步形成，村上的党员、干部、普通群众，通过晒服务比奉献、晒承诺比成效、晒梦想比实干，赢取积分、换取物质。这件新鲜事，在村头迅速传开，奖勤罚懒、奖善罚恶、奖优罚劣的格局完美构建。

一个季度下来，村风民风明显好转，村上有啥事，不再有人说'风凉话'了，有钱的出钱、有力的出力，人人争先、个个创优。据向应田回忆，"这个积分管理犹如一块磁铁，既吸住了有钱人回乡创业，还吸走了贫困群众'等靠要'的懒惰思想，当时村上百姓就像着了魔一样，比当年挣取'公分'还要积极。"

旅游扶贫开发让黄连村生活"由苦变甜"

支部强了、民风好了，可根本性问题"贫困"还未得到有效解决，老百姓依旧"守着金山过苦日子"。

◆ 黄连村土家新寨　谢兴双摄

2016 年，县委围绕"建成全国知名旅游目的地"的发展定位，把发展旅游产业作为转方式、调结构、促发展、惠民生的主攻方向，大力实施"全域旅游＋开发扶贫"战略，并按照"各具风情、功能互补、差异发展"的总体思路，将全县划分为"四大旅游扶贫片区"。其中，黄连村属巴人民俗体验区。

宣汉县委实施"巴山大峡谷旅游开发"战略的东风，点燃了黄连村致富奔小康的希望。乡村两级党组织因地制宜，顺势而为、乘势而上，深度对接巴山大峡谷项目建设，大力发展乡村旅游，积极打造独具特色的土家新寨，大规模发展群众种植中药材。

"旅游＋扶贫"这个具有时代特色的新名词，瞬间在这个贫瘠的村落迅速传开，可个别百姓却难以接受，觉得那是政府的形象工程，不愿参与其中，更不想"深受其害"。

村党支部一班人，见此情形，心急如焚，立即分组入户，逐一做工作，用身边"洋烈新村"类的成功案例引导村民，讲述着一个个从灾区变景区，从无到有，最终实现蜕变的故事，深深打动着老百姓；一次次的促膝长谈，以心换心，最终赢得了老百姓的认可。目前，在黄连村，一家家地方农家乐、一支支土家文娱队如雨后春笋般陆续开张。2017 年，接待游客突破 2 万人，实现旅游收入 200 余万元，300 多名群众走上了致富之路。

谁能相信，一个曾经"出行难、饮水难、看病就医难、村民增收难"的宣汉苦村，在短短几年时间里，神奇般地脱贫致富，并成为国家旅游扶贫试点村的一员。

"真是做梦都没有想到，祖祖辈辈的期盼会在我们这一代实现！"看到一拨又一拨的游客在寨子里流连忘返，土家山寨的百姓乐开了花。

产业强了、乡村美了、农民富了。黄连村的"苦村蝶变"只是宣汉"抓党建促脱贫"的一个缩影，它的蝶变，靠的不是运气，而是引力，是组织引、党员带、群众跟的生动实践。

通过对黄连村群众的观察，我们发现：贫困村的老百姓并不懒，他们的要求并不高，关键在于如何引导，发现并利用群众的兴奋点。黄连村脱贫的成功实践表明，农民脱贫的过程是在党组织的坚强领导下，调动全体村民的积极性、主动性、创造性，最终走上依规治党、依法治村的过程，也是自我教育、自我管理、自我服务的过程。

探索村干部专职化的路径

缺乏优秀的村干部，是当前农村工作的普遍难题。事实上，在脱贫攻坚过程中，绝大部分下派"第一书记"影响力已经超过了村干部，一旦"第一书记"撤离，农村党组织依然有回归软弱涣散可能。因此，培养一支优秀的村干部队伍，提高村干部干事创业的积极性、主动性，是当前农村脱贫攻坚工作的当务之急，更是巩固脱贫成果的长久之计。

习近平总书记指出："要更广泛更有效地调动干部队伍的积极性。这个问题极为重要，现在看来也十分紧迫。"村干部工作在基层第一线，是贯彻党的路线方针政策的重要力量，是党的事业的骨干。近年来，宣汉县通过提高村干部的政治待遇和经济待遇，充分调动了基层干部的积极性、主动性和创造性，同时加强对村干部队伍的管理，进一步优化村级干部配备，走出了一条村干部专职化路子，切实让村干部工作有希望、生活有保障，为村干部解除了后顾之虑。

政治待遇引力十足

"你看，我们村的李书记还当上了县委委员，是县委领导呢!"、"李书记工作干得好，为村上的群众做了很多好事，深受群众爱戴和上级领导认可，他被选为县委委员，是自己努力奋斗的结果。"龙泉土家族乡罗盘村村民在交谈着，对他们的支部书记李永太能成为县委委员感到自豪和高兴。

据了解，宣汉县在换届工作中，通过全面比选和层层推荐，把工作实绩突出、群众广泛认可的村干部选举为县委委员，进一步鲜明"干好有前途"导向，让基层干部明白"让基层干部享受较高政治待遇"并不是一句空话。这一导向，大力激发了村干部干事创业激情。

宣汉县还通过招考公务员、事业单位人员等渠道，让村干部"干好有前途"。在招考待遇上，宣汉每年拿出一定数量的公务员、事业单位岗位定向招录村（社区）干部，同等条件下优先录用村（社区）干部。一名当了多年村干部，后经招考转变为公务员的干部说："县里已经出台村干部招录相关政策，镇领导也鼓励我们考，过去自己还没重视，总觉得那只是吊吊大家胃口，当看到考起的村干部越来越多，说实话是真着急啊，通过努力，我也终于考上了。"

看到曾经认为自己没前途的村党支部书记如今也能真正当上国

家干部，越来越多的年轻人也开始"心痒痒"了。一支部书记说："现在我们村好几个大学毕业的、在外打工的年轻人，都有了想当村干部的想法，打算在换届的时候参加村干部竞选，要是以前，这些有能力的年轻人，不光是看不起村干部，连回家次数都寥寥可数。"

根据《宣汉县2016年从乡镇事业编制人员、村党组织第一书记、村党组织书记、大学生村官、优秀硕博研究生、优秀大学本科生事业编制管理岗位干部中选拔乡镇党政副职提名人选公告》，村干部可选拔进入乡镇党政领导班子，有效激发了村干部干事创业激情，改善了乡镇领导班子结构，打破了村干部晋职副科级的"天花板"。

下八镇副镇长唐欢说："2016年我的人生发生了飞跃的变化，以前我还是一名党支部书记，然而命运突然来了一个华丽转身，我由一名村干部跻身乡镇公务员，还进入了领导班子。"2016年，宣汉县通过组织推荐、资格审查、实绩量化、能力测试、分类考察等方式多方位对提名村干部进行考核，选拔出唐欢等9名村党支部书记进入乡镇领导班子。"我们现在干劲儿足，干得好不仅能加薪还能升职呢，甚至还有机会直接进入领导班子，村干部现在也是'香馍馍'呢。"一名村干部笑着说。

除此以外，对评为优秀的村（社区）干部，优先推荐为各级党代表和人大代表、政协委员，优先推荐参加各级表彰评选，优先推荐参加各种培训和外出考察学习。

经济待遇让人高兴

"工资低"、"待遇差"、"大家"、"小家"两头难顾，一直是村干部不得不面对的残酷现实，大部分村干部都是带着对党的情感、对家乡的情感而为地方发展出谋划策，为群众脱贫致富奔波劳累。

为了不让基层干部流血流汗又流泪，宣汉县根据四川省人民政府办公厅《关于调整村（社区）干部基本报酬补助标准的通知》，按照少数民族地区补助标准调整全县村干部基本报酬补助。同时，全县每年拿出 2000 万党建激励基金，采取以奖代补的方式，对在脱贫攻坚和基层党建工作中做出成绩的基层党组织，给予一定的党建工作经费补助。2018 年 3 月，县委、县政府探索建立村干部"固定报酬＋绩效报酬"制度，印发了《宣汉县村（社区）干部绩效考核管理暂行办法》，年底根据考核等次给予 1—3 万元的绩效奖励，充分发挥了"考核指挥棒"的激励作用，打破"干好干坏一个样"的传统管理方式，有效激发村干部干事创业活力。

"现在我的工资相比全市其他县（市、区）的村干部来说算是最高的了。"一名村干部笑呵呵地说："固定工资本来就多一点，现在加上绩效，如果干得好的话，一个月能拿 2500 元左右，虽然相比打工还是差一点，但县委、县政府对我们基层干部的关心，我们现在干劲十足啊！"

俗话说："要让马儿跑得好，就得给马儿多吃草。"宣汉县在政策和财政条件允许情况下持续提高村干部待遇，着力解决好村干部的后顾之忧，为打赢脱贫攻坚战、全面实现小康社会增添了不少动力。

"我于 2014 年被中共四川省委表彰为优秀村党组织书记，2013 年被中共达州市委表彰为百优村（社区）党组织书记，先后多次被中共宣汉县委表彰为优秀共产党员，这些荣誉称号，已经是对我工作的充分肯定，我非常珍惜，也一直积极思干，只求不愧对组织的认可，没想到县委县政府为了继续奖励我，让我享受副科级待遇。"庙安乡八庙村党支部书记姚文太感动地说："其他村干部看到我不仅获得了全省的表彰还涨了工资，都鼓足干劲为村集体发展出谋划策。现在大家看到了奔头，不再像以前'当一天和尚撞一天钟'那样懒懒散散的工作了。"

据了解，为进一步激发村干部干事创业活力，结合宣汉县情实际，从 2009 年起，宣汉县对受省委及以上表彰的村党支部书记，实行在职期间享受副科级干部经济待遇制度。目前，全县共有 5 名村党支部书记享受副科级干部经济待遇。

"我今年 73 岁了，曾经当了 6 年文书、3 年主任、21 年支部书记，当了 30 年的村干部，退休后，在 2017 年 9 月份之前，每个月领取 200 元，现在每个月能领取 410 元，翻了一番多。"一离任村干部笑着说。

看到离任村干部生活有保障，一位村党支部书记说："现在我的在职收入还能过得去，之前一直担心退休后我的生活保障怎么办，当看到县委县政府出台的文件，我一下子就放心了。"这位书记道出了村干部的心声。

据了解，宣汉县出台了《关于调整宣汉县离任村（社区）"三职"干部离任补贴的通知》，文件规定：对连续任职满 9 年或间断任职累积满 12 年及以上，正常离任且没有参加"村干部养老保险"的离任村"三职"干部，每月发放离任补贴 200 元，每多任职 1 年每月加发 10 元；对连续任职 9 年或累积任职 12 年以下，正常离任且没有参加"村干部养老保险"的离任村"三职"干部，任满一届

（3年）每月补贴100元，每多任职一年每月加发10元。

随着经济社会的发展，宣汉县不断调整离任村干部补贴标准，充分保障离任村干部基本生活，让离任村干部老有所依。同时，进一步完善了党内关怀机制，坚持生病住院、红白喜事、生活困难、重大变化党组织"四必访"制度，让全体党员干部充分感受党的温暖和组织的关怀，进一步激发党员干部干事创业活力。

职数优化队伍更强

麻雀虽小五脏俱全，村级组织也是一级组织，除了村党组织班子、村委会班子，还有村务监督委员会、各小组长及人民调解、治安保卫、公共卫生与计划生育、民政事务、群众文化等村委会下属委员会，人员较多。在实际工作中，存在占着职数不做事、职能职责不具体、干多干少一个样、基层干部作用发挥不充分等村级干部队伍管理不规范的问题。

2018年初，宣汉县为进一步加强村级干部队伍建设，促进村级干部队伍作用充分发挥，在政策范围内，大力探索实施村干部职数设置、职能优化等工作。

"以前有些村干部只做自己的业务工作，对安排的中心工作漠不关心、推诿扯皮，甚至叫不动（不听从组织安排）。"一名镇干部反映："比如我们有个村的计生专干，很少到村办公地点去，感觉时常是游离于组织之外，因为他们的工资都是县卫计局考核发放，所以认为把业务工作做好还是照样能领工资，对乡镇或村上安排的工作持可做可不做的态度。"、"这样很影响一个团队的战斗力，也在一定程度上影响整个团队在群众中的形象。6月份，我们按照县上文件,对计生专干和网格员进行了调整合并,通过召开村民委员会会议推荐选举了一个能干事、会干事的人负责这份工作。"该镇党委副书记补充到。

2018年6月,宣汉县结合实际,印发了《关于调整合并村(社区)计生专干和网格员职能职责的通知》,将计生专干与网格员合并为一职,实行"村级管理、乡镇统筹、县级备案"管理制度,促进干部职能作用发挥更加明显。

同时,宣汉县还鼓励村党支部书记、村委会主任"一肩挑",在现有存量的基础上,采取兼职、合并、调整等方式,进一步优化村级干部队伍配备,使村干部管理更加规范、职能职责更加明确、基本待遇更加提升,又一次充分激发了基层干部干事创业活力。据悉,宣汉县下一步将在村党组织书记备案制度基础上,实行村级干部县级备案管理制度,这将为村干部的专职化提供更加有力有效的制度保障。

政治上有奔头,经济上得实惠,职数上更优化,在岗有工资,离任有保障,队伍有活力。这样的村干部职业化管理模式,激发了村干部干事创业的内生动力,调动了村干部工作积极性和创造性,他们的工作纪律加强了,服务意识增强了,工作质量和效率明显提高了,群众满意度节节攀升。

第一书记作用大

2015年6月18日,习近平总书记在部分省区市扶贫攻坚与

"十三五"时期经济社会发展座谈会上指出:"扶贫开发,要给钱给物,更要建个好支部。要把扶贫开发同基层组织建设有机结合起来,抓好以村党组织为核心的村级组织配套建设,选好配强村级领导班子,鼓励和选派思想好、作风正、能力强、愿意为群众服务的优秀年轻干部、退伍军人、高校毕业生到贫困村工作,落实好向贫困地区村党组织选派第一书记举措,真正把基层党组织建设成带领群众脱贫致富的坚强战斗堡垒。"①

上级党组织选派第一书记、工作组到贫困村,发挥"外脑"作用,和本地党组织一道形成扶贫、扶智和扶志合力,是很多地方脱贫攻坚的一条宝贵经验。比如,贵州省黔西南州推进党建扶贫五人小组建设,由各级机关、企业、事业单位选派到村任职的村党组织第一书记,各级机关、企业、事业单位选派的同步小康驻村工作组成员,乡(镇、街道)包村干部,村党组织书记,村民委员会主任五类人群组成,把关键的干部选下去、把关键的政策讲明白、把关键的资金用到位,达到党建扶贫,政治练兵的效果。我们在四川宣汉调研期间,采访了很多贫困村,也深深体会到第一书记在精准扶贫中的生力军与突击队作用。

2015年以来,宣汉县按照中央、省、市委要求,从后备干部、递进培养对象以及县级部门(单位)骨干中选派了211名优秀党员干部到贫困村任第一书记(含中央、省级下派2名,市级下派15名)。宣汉通过强化激励关怀、放权给位、培育帮带、管理考评,

---

① 中共中央党史和文献研究院编:《习近平扶贫论述摘编》,中央文献出版社2018年版,第37页。

不断为第一书记"松绑"、"壮胆"、"提能"、"加压"，有效促进第一书记扎根基层、奉献农村，助推贫困村"挖穷根"、"摘穷帽"，为贫困群众解难题，谋发展。

宣汉县委明确要求第一书记不承担派员单位任何工作，杜绝两头跑、两头挂、"挂名不出工"现象；明确保证第一书记在原单位的应有待遇、学习提升、职务晋升，对成绩突出、表现优秀的第一书记，同等条件下优先提拔使用。实行"N＋1"导师帮带制度，落实县级领导、派员单位、接收乡镇结对联系帮扶第一书记，确定一名农村工作经验丰富的老干部为驻村工作导师，帮助第一书记提高工作能力。健全"双考勤一抽查"、"双月排名"、"末位约谈"等机制，定期对第一书记履职情况进行督查排名，对排名靠后的实行通报约谈。第一书记年度考核在所驻乡镇和贫困村实行"双述双评"，广泛接受群众监督和评议，凡群众满意率低于70%的，年度考核评定为不称职。

不仅如此，全县开展"脱贫攻坚党旗红·奔康路上争先锋"活动，县、乡两级定期组织乡、村干部到各个贫困村进行现场评估、交叉考评，为第一书记以及县乡村三级驻村干部总结经验、培育典型、指出不足、指明方向，在互评、互比中实现基层干部认真踏实抓脱贫攻坚工作。

"我愿化作一颗小小的星火，走进山里、走进院坝里、走进贫困户心里，给予他们安慰和温暖，为他们点燃脱贫致富的希望之火。"峰城镇仁义村第一书记鄢宏的笔记本上写着这样一段感言，他是这样想的也是这样做的。

鄢宏，1981年出生，中国华融资产股份有限公司职员，2015

年 8 月，被选派到宣汉县峰城镇仁义村担任第一书记。该村地处秦巴山区深处，辖 7 个村民小组，有村民 426 户、1846 人，其中贫困户 114 户、418 人，全村基础建设薄弱，产业发展滞后，脱贫任务艰巨。

驻村两年多的时间里，他从央企职工变成了地道的"农村人"，在仁义村感受太多的人生第一次：第一次用心感知"贫困"之痛、第一次体会与百姓"并肩"之乐、第一次收获群众"祝福"之真……每个第一次都让他难以忘怀。

倾斜土坯房、蹒跚老人、满手老茧……第一次近距离感知"贫困"之痛

一些长期在农村扶贫的干部总结出一套精准识别贫困户的办法：一看房、二看粮、三看有没有读书郎、四看有没有病人躺在床。大凡农户还生活在破旧的房屋中，家里缺少余粮，有几个娃读书，家庭没有外出打工人员，甚至有病人长年躺在床，这些家庭八九不离十都是真正的贫困户。这些经验，鄢宏也是很熟悉的。据鄢宏回忆，初到宣汉前往仁义村时，当越野车在山林中一路穿行数小时后，镇党委书记、村党支部书记将鄢宏带到了村办公室，低矮的平房，刚被修整过，四周是高山、深涧、大片的松林，山间林地旁嵌着小块小块的土地，地里种着玉米和烟叶，农户居住的大都是土坯瓦房，往来的老年人居多。第一次村社干部会议，村里的党员干部都来了，在交流中谈得最多的是这里又高、又远、有各种各样的困难，对这位北京来的帮扶干部充满了期待。

接下来的几天，鄢宏每天都要走上 10 多公里山路，到每家每户了解情况，不到 1 个月的时间，就走遍了全村 426 户，了解贫困户的第一手资料，有关情况记满了 4 个笔记本。

在走访过程中，鄢宏对农村、对"贫困"有了更加深刻的认识，那腰驼腿残仍背着东西蹒跚前行的年迈老人，那些体弱多病仍忍痛强行劳动的贫困人群，他们无助却始终坚守，煎熬却满怀希望，一切的一切给鄢宏以前所未有的震撼，触及其内心深处。

鄢宏记忆犹新的是村上那位不算健壮的年轻妈妈程金芝，语言很少，外乡人，曾在 4 岁时就没了父亲，在她 13 岁时被婶婶以 2000 元的彩礼把她嫁给了比她大十几岁的男人。15 岁便生下了第 1 个孩子，但不幸夭折，17 岁时生下现在已经 11 岁的孩子。她带着两个孩子和老人住在破旧的土墙房子里，还种着 10 亩水稻、5 亩玉米和烟叶，养了 1 头母猪和 2 头牛，比村里壮年男人干的活还多。

鄢宏为给予这位苦命妈妈一些帮助，通过微信朋友圈传递了这个年轻妈妈的情况，当天就有上海的好心人向她捐款 2000 元资助孩子读书。当鄢宏把捐款带去她家的时候，开始她很长时间都拒绝收下这笔捐款，讲了半个多小时，她才说不能收、不敢收，还一直哭。知情人提醒，她就是被 2000 元卖掉的，而且还害怕我们这 2000 元会买走她的孩子。随后大家告诉她，钱是给娃娃读书的，她没有权利不接受，加上周边熟悉的人保证不会有影响，才哭着接受了。

这位年轻妈妈，让山外来的人深切感受到这片土地的贫瘠。看到村上的落后面貌，鄢宏痛定思痛，暗下决心，定要驻守仁义村，誓要穷村换新颜。

组团取经、深夜集商、凝成共识……第一次体会与群众"并肩"之乐

通过入村进户调研，鄢宏发现全村基本情况为"基础差、收入低、老人多、人心散"，根本原因是思路不开阔、基础条件差、缺资金技术，这些问题是导致仁义村久久不能脱贫的重要原因。"要脱贫，纠正风气是关键，产业带动是核心"，鄢宏将转变村风民风、狠抓特色产业纳入自己的帮扶计划。

习惯已经养成，短时期内要改变哪有那么容易！从哪里下手，如何来推进，这些问题对于一个基层工作经历有限的央企职工来说，无疑是一只巨大的"拦路虎"！

于是，鄢宏决心从自身做起，从村"两委"班子队伍抓起，走出一条"强支部、促发展"的新路。很快，《关于加强仁义村党风建设的意见》，经党员大会讨论通过后正式实施，《村规民约》、《院坝公约》有效改进与完善，等着干部送小康、房前屋后垃圾岗、各种宴席经常办等问题迎刃而解，党风从根本上有了转变。

"以前支部开个党员大会人都喊不齐，不给摩托车费、不安排生活，一些党员根本不得来开会！现在听说要开会，党员提前半个小时就到了！"村主任李朝刚介绍。"现在党员的先锋模范作用那是真的发挥起来了的哟！"

"仁义要脱贫，产业需提劲。"如何发展产业一直是萦绕在鄢宏心头的问题。为推进产业发展、助力群众增收，鄢宏组织村"两委"成员、产业大户代表到苍溪县学猕猴桃种植技术，到龙泉乡罗盘村学药材种植技术，去成都、重庆等地调研大米市场前景。

让鄢宏记忆最深刻的是，从成都学习归来时，张大爷一路晕车很是难受，但他不仅坚持着，还在下车第一时间，带头谈起了自己参观后的想法："今天去成都，收获很大，我觉得我们村的大米应该很有市场，应下大力气在发动群众种植、建立合作社这方面做足文章。"他的话引起了大家的共鸣。就这样，你一言我一语，大家谈着对本村发展的想法，谋划着脱贫奔小康规划，想到本村未来大有可期，每个同志都毫无睡意，到了深夜还继续讨论，当大家的思路凝聚在种植桃花米上以后，才慢慢散去。

从"城里人"变成地地道道"村里人"，从静夜中孤灯自学到长途跋涉组团取经，鄢宏深感：行动胜过言语，"面对面"不如"肩并肩"。

规划实了、村子变了、群众笑了……第一次收获群众"祝福"之真

"喊破嗓子，不如甩开膀子。"仁义村要脱贫，首先得改善基础设施。为解决基础设施建设滞后，严重影响经济发展等难题，鄢宏3次回到北京寻求"娘家人"的帮助，先后争取项目资金270余万元，动员群众集资130余万元，硬化和新建村道路8.5公里，维修整治山坪塘7口，新建饮水工程3个，在全村新建3处新村聚居点，20户贫困群众如愿以偿搬入新居，住上了好房子。

转眼间，驻村帮扶已两年有余，村党支部阵地建好了，群众饮水不再犯难了，村里发展一天比一天好了，百姓脸上的笑容明显比以前多了。

一切的改变，老百姓都看在眼中、乐在心里、喜在脸上。2017年冬至的早上，10组的张大娘，冒雨给他送来新鲜的蔬菜，一边递给他还一边说道："鄢宏啊，村上这么冷，你还守在这帮助我们，真是辛苦你了！"看着张大娘真切的眼神，他连忙握住了她的手："大娘，这些都是我该做的，我们有规定，这个不能收啊！"、"我们早就是自家人了，家人相互送点东西，有啥子不能收的！"张大娘有些生气地回答道。那一刻，暖流涌上心间，泪水湿润眼眶，鄢宏真实地感受到"不是亲人胜似亲人"的温暖。

今天的仁义村，正悄然上演各种喜人的变化，这是仁义村"两委"班子团结奋进的结果，是鄢宏同乡亲们并肩奋斗的结果。然而，在宣汉4271平方公里的土地上，像鄢宏这样的贫困村第一书记，宣汉县共有211名，非贫困村第一书记305名，他们扎根基层、奉献农村，用青春和汗水书写着人生最美丽的华章。2017年底，全县120个贫困村整村脱贫，14.82万贫困群众顺利脱贫，"党员群众积分管理"、"农房无息按揭"等一大批脱贫致富新模式应运而生，相关经验做法先后被《人民日报》、《中国组织人事报》、《四川日报》宣传报道，其中，峰城镇仁义村第一书记先进事迹入选中组部抓党建脱贫攻坚典型案例。

惩治"微腐败"

脱贫攻坚工作涉及面广、资金量大，形式主义、官僚主义、弄虚作假、急躁和厌战情绪以及消极腐败现象时有发生，严重影响了脱贫攻坚成效。对此，习近平总书记在 2018 年 2 月召开的打好精准脱贫攻坚战座谈会上指出："脱贫攻坚工作直接面向贫困地区和贫困群众，直接同人民群众打交道，暴露出来的作风和腐败问题群众感受最直接、反响最强烈。这些问题，我已经多次敲过警钟了，今天再敲敲'法槌'，希望引起大家高度警觉。"① 加强脱贫攻坚领域作风建设，防止小微权力"任性"，坚决反对和查处微腐败行为，也是宣汉完成脱贫攻坚答卷的一道必考题。我们从一个案例入手，看看宣汉是如何答好这道题目的。

"你咋这两年不背你那个黄包包到处去化缘呢？"红岭镇民政办主任王善新在下乡走访时见到老熟人谢忠敏就这样打趣。"我不是啥子坏人，都是以前那些村干部让我想不通，乱吃我的血汗钱，把我激怒了，我才到处跑去告状。"谢忠敏笑嘻嘻地一边回答，一边搭板凳欢迎来走访的干部。

近年来，高洞村因涉法涉诉、"3602"、达陕高速等重大历史遗留问题较多，村党组织涣散，村干部侵害群众身边利益现象严重，上访缠访不断。从 2014 年起，为整治多年的不良风气，红岭镇党委决定用法治思维来管村、治村。特别是 2016 年底，派出镇法律服务所桂昌明担任高洞村党支部书记，从根子上解决干群矛盾。

高洞村位于红岭镇东南方，2004 年由香坪和高洞两个村合并而成，属于典型的丘陵地带，全村辖 9 个村民小组，1900 余人，村民主要收入靠外出务工。因为村"两委"长时间不作为，村社账

---

① 中共中央党史和文献研究院编：《习近平扶贫论述摘编》，中央文献出版社 2018 年版，第 125 页。

务混乱，导致干群关系紧张。全村贫困人口居红岭镇首位，群众生产生活困难，连年上访。

谢忠敏，高洞村 6 组人，1950 年生，书读得不多，但从小在山坡上放牛砍柴之时，喜欢编些打油诗，爱开玩笑，好客。

谢忠敏年轻时，在集体生产时卖力干活，留下了残疾。他没有后悔年轻时的付出和拼劲，认为在那个学雷锋的年代，为集体献出青春和热血是无比的光荣。

2002 年 5 月，谢忠敏所在的香坪村因不完成小春农税提留任务，村委会到处借钱，得知谢忠敏外出务工的大儿子给家里寄了汇款单，于是村干部几个人就一起做了他的工作，打了一张 2500 元的欠条。借钱时用的是当年的"宣汉县农民负担专用收据"，上面记载着"2002 年 5 月 8 日，3 村 1 社集体借到谢忠敏现金 2500 元，用于完成小春税费，利息按 1%的月利率计算。"那时的 2500 块钱，对于有个偏瘫妻子的家庭来说算得上是一笔巨款。

2004 年，香坪村和高洞村合并，原高洞村书记主任担任合并后的高洞村书记主任，谢忠敏拿着那张借条去找村"两委"，可是村干部"集体不认账"，其理由是香坪村已经不存在了。按照合并村政策，村"两委"应该接手合并村前所有辖区的事务。"不认账"给老实巴交的谢忠敏以巨大打击，那是儿子一年的血汗钱，就这样被吞了，气得他卧床不起，对村干部怨恨的种子在心里开始发芽。

宣汉到达州的公路横穿红岭境内，道路交通给沿线群众带来好处，让红岭经济发展走在了前面。在"十一五"、"十二五"各地开展道路交通建设时期，红岭的公路建设成了全县领头羊。然而高洞村的工作却因村"两委"干部的不作为，在全乡落后。群众集资款，用途不明，账务不公开，以至于群众对公益事业失去参与的激情。"该我的钱不还，抵公路筹资款还不行，路也不修，你让我怎么想得通？"10多年后，谢忠敏谈起往事仍然没有释怀，加上旁人用亵渎的语气嘲笑："你在集体争先锋落了残，你为集体借出了血汗钱，可是你老婆偏瘫在床上，到头来连个低保也没有。"这些话，深深地烙在了他心底，一种被人骗的耻辱感油然而生。从此，他开始背起个黄包包到县里上访，长达10余年。

2013年，高洞村部分村民集体上访，红岭乡成为全县维稳挂牌乡镇。红岭成了全县有名的上访乡，因为风气存在大问题，一些好的项目无法在此落地，严重阻碍了经济发展，特别是水、电、路等基础设施工程难以推进。

据在红岭镇工作很多年的副科级干部王毓碧讲，红岭虽然是宣汉县较早通电的乡镇，但是随着生产生活条件的改善，加上年久失修，电线老化，电压不稳定，村民家里用电成难题，群众只要一打米用电，电线就断了，晚上用电量稍稍增多，家里的灯光就成了"辣子烘"。现任高洞村党支部书记桂昌明谈到过去的问题曾痛心表示："红岭原来有几次电网改造机会，国家电力公司来了，被村民气跑了，最典型的一次就是，电力公司将安装线路的设备放在一户村民房屋旁，其村民要求电力公司付出占用地盘的费用。最后电力公司只完成了一个社的电网改造就走了。人家怕了，说惹不起红岭人，把惠民工程搬到其他地方去了。"这样的例子还有很多。本来红岭乡在全县乡镇中交通条件算比较好的，可是农网改造却没有跟上全县脚步，老百姓怨声极大，干群间不和谐，经济得不到发展，高洞村成为红岭镇最贫困的村。

2015 年，高洞村被确定为软弱涣散村，乡党委责成乡纪委，针对群众反映突出的工程建设、前村干部交接账务不合理等问题，组织专门的清账队伍进行全面梳理，并选择了一些德高望重的群众参与工程结算，给现任村干部一个机会自行整改纠正，给群众一个明白。

在这样的高压下，前高洞村书记王某某和村主任邓某某，挪用村级阵地建设费用被纪委查处，群众拍手称快，党委政府责成村"两委"把过去欠村民的烂账、死账打扫干净，谢忠敏盼了十来年的血汗钱终于拿到手时，老泪纵横，不再上访了。经过反复的教育和劝导，谢忠敏又开始热心公益事业，主动参与并号召当地村民参与黑林沟水库的清淤，助力春耕。

村级账务的处理给高洞村民吃了一颗"定心丸"，但是要彻底扭转干部在群众的形象，在红岭镇党委的助推下，高洞村"两委"进行了一次大换血。红岭镇原法律助务所桂昌明被选为高洞村党支部书记，村民代表选出了自己信得过的主任，县发改局也下派了第一书记，这个村级班子队伍战斗力明显增强。

风气在逐渐好转，但还是有少部分人法治意识淡薄，在长年上访中被"惯坏了"，还想通过"闹"得到好处。良好风气的养成还需要持续帮扶教育。

人之初，性本善。很多人上访并不是天生就爱"胡闹"，桂昌明书记认为，问题还是出在干部自己身上。像谢忠敏就是一位特别感性的人，有这样一段插曲：2012 年，刚到红岭乡工作的计生主任陈华兰到高洞村任驻村干部，在下村走访时，看到谢忠敏的偏瘫在床上的妻子和贫困的家庭现状，当即给其妻拿了100元，至今提到这事，谢忠敏仍然感激不尽："之前哪有干部给我们拿钱，都是干部吃群众的，凭啥我有这样的运气。"这一幕让周围群众惊诧不已，而陈华兰不去理会，认了谢忠敏陈姓妻子为姐姐，从那以后，陈华兰一进村，当地群众都会开玩笑"谢忠敏，你么姨妹儿来了"，这些玩笑话让谢忠敏内心感到极其温暖。看到电视上都在表扬先进人物，在山坡放牛之际编写了一首打油诗，很长，其中有这样几句：

> 驻村干部陈华兰　阴雨连绵泥一身
> 听说我家陈仕淑　瘫痪多年处苦境
> 亲自到家来慰问　亲眼相见很同情
> 私人掏出百元钱　亲切关怀一片心

桂昌明书记觉得群众都是可爱的，只是过去有些干部的作为伤了他们的心。桂书记认为还是要从干部群众的思想上下手，每个月组织一次村社干部学习法律、党纪，把法治深深地烙在干部的心上；定期不断给村民讲法，引导村民通过正常渠道合理诉求，运用法律保护自己，维护自己的权益。

风气在逐渐好转，在县发改局的对口帮扶下，高洞村修建起了新村聚居点，实现精准脱贫易地搬迁16户，危房改造12户，发展花椒产业254亩。在新班子的带领下，全村法治良序的新风气正在形成。

宣汉县把精准监督挺在精准扶贫前，探求建立扶贫监督机制，真正架起扶贫领域"高压线"。2015年以来，宣汉各级纪检监察组织共查处扶贫领域违纪违规问题213件。

我们在宣汉的调研中发现，脱贫工作中的"微腐败"主要有八种形式：

虚报套取"动歪经"。有的党员干部在扶贫工作中不按规矩办事，对上积极申请危房改造、易地扶贫搬迁等项目，对下利用基层群众获取信息渠道少、不熟悉政策的空隙，通过虚列项目、编造虚假材料或冒用他人名义骗取扶贫资金。

优亲厚友"送人情"。一些基层干部利用手中的权力，置国家法律于不顾，在推进扶贫工作中乱作为，滥用手中的权力，在贫困户、低保五保评定、扶贫资金拨付等方面优亲厚友，使应当享受政策的人没有得到政策扶持，造成不良影响。

吃拿卡要"争民利"。有的党员干部在办理群众事务时不仅门难进脸难看，而且明目张胆"吃拿卡要"，对经手的项目资金以辛苦费、手续费、好处费等名目主动索要。还有的基层组织及干部假借集体名义，违规向群众收取费用，用于弥补办公经费不足或发放补助，使群众享受的扶贫政策缩水。

贪污侵占"伸黑手"。部分党员干部落实党和国家的扶贫政策执行不到位，搞上有政策、下有对策，甚至"雁过拔毛"，在发放扶贫款物时，利用职务之便，采取少发、不发、巧立名目等方式贪污或侵占扶贫款物，让国家扶贫政策大打折扣。

作风漂浮"不作为"。少数党员干部工作责任心不强，担当精神不足，对扶贫工作不上心，纪律涣散。一些驻村第一书记、扶贫专干、驻村工作队员、帮扶责任人以本单位工作繁重为理由，进村入户开展工作不按时、不认真；有的长期不入户，对贫困户家庭情况不了解不熟悉，对贫困户的帮扶措施不到位等。

招标投标"擅做主"。在脱贫攻坚项目实施过程中，部分地方不严格执行村务公开相关规定，不严格按照程序实施竞争性谈判，违规确定承建商，擅自发包工程。

项目验收"走过场"。有的党员干部责任心不强，纪律意识淡薄，在扶贫项目验收中"蜻蜓点水"、"走马观花"，导致扶贫资金被虚报套取。

插手工程"谋暴利"。有的党员干部把扶贫项目和资金当作"唐僧肉"，千方百计都想插一手、吃一口、揩点油，违规插手、干预甚至与他人合伙或直接让亲友承揽工程项目建设，造成不良社会影响。

为此，宣汉县成立以县委书记、县长为组长的县脱贫攻坚领导小组，制发《宣汉县扶贫领域突出问题专项整治工作实施方案》，将精准脱贫到户政策落实不到位、基层干部在脱贫攻坚工作中吃拿卡要、扶贫资金管理使用、扶贫领域工程项目建设实施不规范等 4 个方面作为整治重点，建立责任、问题、整改、问责"四张清单"，建好扶贫领域基础工作、问题线索、执纪审查、通报曝光"四本台账"，确保整治工作见真章、见实效。

县纪委严格执行"三级联查"，注重监督合力作用的发挥。常态检查"尺度不降"，由各地各部门纪检组织和县级牵头单位对自查自纠情况开展常态督查，并针对督查发现的问题建立整改清单，逐一明确整改责任、整改措施、整改时限，提高监督检查的针对性和有效性；在全县范围内分级聘请 100 余名 133 专项整治监督员，收集意见建议 81 条，充分发挥基层反腐"一线"作用；全面核查"力度不松"，由县纪委牵头，抽调县级部门纪检组长（纪检员）、乡镇纪委书记，财政、住建工作人员组成 25 个检查组，分两批次对脱贫攻坚领域自查自纠情况开展全面核查，由 4 个纪检监察协作区分批次、分时段、有侧重地对辖区内乡镇扶贫领域专项整治自查自纠情况开展全面核查，共发现问题 265 个，发放督办函 89 份，整改问题 226 个；专项抽查"节奏不变"，由县纪委监察局领导班子成员带队，组建 7 个督查组，采取不打招呼、不定时间、不听汇报，直奔现场的方式，对各地各部门扶贫领域专项整治情况开展专项抽查，真正打通责任落实的"最后一公里"，推动整治工作取得实实在在的效果。

2016 年以来，宣汉县纪委将强化扶贫领域精准监督作为整治群众身边不正之风和腐败问题、推动全面从严治党向基层延伸的重要抓手，创新实施"互联网 + 阳光扶贫监督"，打造集信息查询、动态管理、线索收集等功能为一体的"精准扶贫云平台"，实现对扶贫工作的信息化、常态化精准监督，助力脱贫攻坚主战场，获得广大干部群众"点赞"。《人民日报》、新华社、中央纪委国家监委网站、廉洁四川网站等主流媒体对这些做法给予充分肯定和宣传推介。

在整治"微腐败"行动中，宣汉县全面开展村级会计委托代理服务工作，在 54 个乡镇建立"农村三资管理综合查询系统"，对各村账务开支情况经本村公示无异议后，由村级会计核算中心辅以影像资料上传查询系统，供村民通过身份证随时查询，让村级账务晒在阳光下。

党建凝聚力量

2015 年 6 月 18 日，习近平总书记在贵州召开部分省区市党委主要负责同志座谈会上的讲话中指出，"坚持党的领导，发挥社会主义制度可以集中力量办大事的优势，这是我们的最大政治优势。"2015 年 11 月 27 日，习近平总书记在中央扶贫开发工作会议上指出："抓好党建促脱贫攻坚，是贫困地区脱贫致富的重要经验，群众对此深有感触。'帮钱帮物，不如建个好支部'。要把夯实农村基层党组织同脱贫攻坚有机结合起来。在乡镇层面，要着力选好贫困乡镇一把手、配强领导班子，使整个班子和干部队伍具有较强的带领群众脱贫致富能力。在村级层面，要注重选派一批思想好、作风正、能力强的优秀年轻干部和高校毕业生到贫困村工作，根据贫困村的实际需求精准选配第一书记、精准选派驻村工作队。"[①]

2015 年 7 月 8 日，中国共产党四川省第十届委员会第六次全体会议通过的《中共四川省委关于集中力量打赢扶贫开发攻坚战确保同步全面建成小康社会的决定》提出了建强领导班子、夯实基层基础、落实驻村帮扶、突出群众主体、加强乡村治理、强化法治保障的明确要求。四川省农村扶贫开发纲要（2011—2020 年）明确把加强基层组织建设、加强扶贫机构队伍建设作为扶贫开发工作的重大战略举措。

[①]　中共中央文献研究室编：《十八大以来重要文献选编》（下），中央文献出版社 2018 年版，第 47—48 页。

有强有力的党组织、有党组织强有力的领导，才能把农民组织起来，实现乡村面貌的根本变化。宣汉县委按照中央的要求和省委、市委的部署，创建了"三联"机制助推党建引领脱贫攻坚。比如，支部联建。开展乡镇、村、非公企业党支部三级挂点共建活动，实现人员互助、活动互通、信息共享，增强党支部的凝聚力、向心力，为脱贫攻坚提供坚强的组织保障；帮扶联手。整合扶贫资源，完善县委政府各有关部门帮扶方式，整合帮扶力量，解决对口帮扶贫困村的基础建设、产业发展、贫困群众增收的问题，让贫困群众切实感受到党的温暖和关怀；走访联心。建立党员"1＋1＋3"（一个党员联系一户贫困户、联系三个独居老人）定点联系贫困群众机制，党员深入贫困户家中，宣传扶贫政策，听取群众意见建议，解决贫困群众实际困难。通过创建"三联"模式，找准方向，整合力量，以组织建设成效助推脱贫攻坚出成果见实效，形成组织"引"、党员"带"、群众"跟"全员参与脱贫攻坚的良好态势。

建强一线"指挥部"，引领脱贫攻坚靶向精准

宣汉县委组织部以"党支部标准工作法"为抓手，全面落实基本队伍、基本活动、基本阵地、基本制度、基本保障"五个基本"内容，在全县推动支部建设标准化、规范化。同时，扎实开展"三分类三升级"活动，分层分类梳理软弱涣散党组织具体表现，建立问题台账，实行贴牌销号管理，推动软弱涣散基层党组织顺利转化。同时，推行片区现场推进会制度，每月选取3—5个乡镇，逐村检验党建促脱贫工作成效，倒逼基层组织紧起来、动起来。

在创新基层依法治理过程中，全县各有关部门大力推行"四会管村"、"五步议事"、"三项监督"依法治村模式。所谓四会管村，就是村（社区）支委会行使领导权、村（居）民会议行使决策权、村（居）民委员会行使执行权、村（居）务监督委员会行使监督权；所谓五步议事，就是支委提议、"两委"商议、党员大会合议、职能部门审议、村（居）民会议决议；所谓三项监督，就是干部履职监督、村务公开监督、村级账务监督，从而规范村级干部依法依规行使权力，有效提升村级民主自治能力。

锻炼干事"排头兵"，助力脱贫攻坚落地见效

优秀骨干向脱贫一线汇聚。宣汉县委抓住换届工作契机，选优配强乡村脱贫攻坚力量，2016年换届期间有23名年轻干部担任乡镇党政正职，62名"四类人员"（乡镇事业编制人员、村党组织第一书记、村或社区党组织书记、大学生村官）进入乡镇领导班子，380余名退役军人、回乡创业青年、乡土人才进入村"两委"班子。换届期间，脱贫攻坚任务较重的乡镇党政正职保持稳定，择优向贫困村和非贫困村各选派1名第一书记，统筹用好法律顾问、农技员、农信员等"5+2"帮扶力量，真正把能干事的人选汇聚到脱贫攻坚一线建功立业。

先锋效应在脱贫一线彰显。宣汉县委强力推进党员精准扶贫示范工程，同步制定党员精准扶贫示范工程资金管理使用办法，截至2018年6月整合资金4900余万元（省市县三级配套资金270.08万元，整合资金4653.15万元），广泛发动党员和入党积极分子中的致富带头人、产业大户等参与示范项目，带动群众发展致富产业。截至2018年6月，项目收益3471.32万元，吸纳贫困党员参与

1092 人，吸纳贫困群众参与 20535 人。按照"走村不漏户，户户见干部"的要求，县委组织部广泛开展"走基层"、"社情民意走访"行动，引导党员干部深入一线宣传党的政策、收集意见建议，帮助群众解决现实困难，真正实现与群众"面对面、手拉手、心连心"。此外，全县广泛开展"设定先锋指数评选命名党员示范岗"活动，在贫困村推行党员积分管理办法，对无职党员进行设岗定责，针对性安排到基层设施建设、惠民政策落实、道德教育宣传等岗位发挥作用，引导党员争当干事先锋，探索出"我为贫困村代言"、"农村按揭房"、"土地托管"、"牛寄养"等扶贫新模式，得到群众的广泛好评。

激励干部干事激情在脱贫一线迸发。县委建立"注重基层、注重实干、注重公认"用人导向，2016 年换届期间，提拔重用脱贫攻坚一线干部 33 名，省、市、县表彰表扬 41 名。2017 年，县财政单列 2000 万元党建激励基金，对省委表彰的优秀支部书记给予副科级经济待遇。充分发挥不同年龄段干部作用，注重用活"三类干部（分别是青年干部、改为非领导职务的干部、退休干部）"，突出示范带动，营造全县干部人心思干、人心思进的良好氛围。

一段时间以来，干部慢作为、懒作为、不作为的现象在全国还比较突出，全国各地都在探索如何正向激励，调动干部干事创业的积极性。宣汉县在脱贫攻坚中针对"三类干部"，探索出分类管理、分类激励的干部管理办法，主要的举措有："用而不疑"压担子，坚持主动发现、重点培养，大胆为优秀年轻干部"搭梯子、铺路子"，目前，全县 30 岁以下正科级干部有 5 名，90 后副科级干部 4 名；"卸而不闲"搭平台，差异性安排卸任干部到重点工作督导组和重点项目建设指挥部等担当重任，推动各项工作高效落实；"退而不休"献余热，依托县关工委、老促会等涉老组织，邀请退休干部列席重要会议、参与决策讨论，畅通退休干部参政议政渠道，让退休干部退休不退志、退岗不褪色。干部分类管理、分类激励的办法在全县取得了实质性效果，形成干部干事创业、比学赶超的好氛围。在调研中，我们发现有不少干部因为年龄原因虽然退出了部门领导职务，却依然活跃在各种临时项目的指挥部，为全县的脱贫攻坚事业把关助力。

激活奔康"源动力"，推动脱贫攻坚后劲十足

一个地方的贫困人口摆脱了物质上的贫困只是第一步，只有摆脱了精神上的贫困，才能真正摆脱贫困。在推进精准扶贫、精准脱贫的各项工作中，宣汉县委高度重视"两手抓"：一手抓产业脱贫，一手抓精神扶贫。在精神扶贫方面，县委宣传部深入开展以"诚信·守法·感恩"为主要内容的公民道德教育活动，在常态开展主题宣传的基础上，广泛开展道德建设模范户等评选活动，既让大红灯笼高高挂、大张旗鼓表扬先进，也公开曝光一批道德建设反面典型、鞭策后进，引导群众主动摒弃等靠要等错误思想，真正成为脱贫攻坚的主力军。

由宣汉县委组织部负责，在全县每一个村成立一所"农民夜校"，把农民夜校变成智力扶贫的主阵地。2017年，全县举办"扶贫专班"、"乡土人才实训班"5400余期，让每户贫困群众都掌握一门实用技术。此外，党委政府各有关部门积极探索"技能培训＋岗位开发＋创业带动"智力扶贫新模式，截至2018年6月，全县

开展就业扶贫专场招聘会 20 余场次，培训导游、厨师、特色农产品营销等 2100 余人，解决 2956 名贫困人员就业问题。

中国共产党坚持党管干部、党管人才的干部工作方针，宣汉县委组织部成为宣汉最大的"人才猎头公司"。全县大力实施招引业主、回引能人、吸引人才"三引工程"，为各类人才创新创业提供良好环境，扶持培育省、市级农业产业化龙头企业 20 余家、专合组织 500 余家，鼓励 280 名农业科技人员领办创办经济实体 48 个，带动 5 万余群众脱贫致富。

此外，宣汉县委还十分重视非公企业党建工作、社会组织党建工作，并把工商资本、社会组织等各方力量引入到脱贫攻坚主战场。仅 2017 年，全县就建立非公企业党组织 51 个、社会组织党组织 22 个，着力把党组织建在生产车间、产业链上，建立在业缘、志缘的链条上，积极引导非公企业通过产业帮扶、商贸帮扶、就业帮扶、捐赠帮扶、智力帮扶、社会组织帮扶等形式主动参与脱贫攻坚，100 家非公企业与 85 个贫困村签订结对共建协议，投入或撬动工商资本 2.15 亿元，帮助发展中药材、油牡丹、蜀宣花牛等种养产业 46 个，创造就业岗位 10000 余个，培训贫困人口 2248 人，发展职业农民 2000 余人，带动 3500 余户贫困群众脱贫。

以上记载，仅仅反映了宣汉县以党建引领脱贫攻坚的若干侧面。实际上，当代中国乡村振兴揭示了一个农村基层党建工作的政治经济学道理：唯有党的基层组织既突出政治功能，也发挥服务功能，同时拓展文化功能，充分发挥战斗堡垒作用，才能真正把农民组织起来，通过他们的辛勤劳动和不懈努力，最终实现美好生活的奋斗目标。

结　语　把贫困"送"出去，
把小康"请"进来

　　1949 年 10 月 1 日，一个"各级政府都要加上'人民'二字"①的人民共和国诞生了，一个在五千年文明史上从未有过的全新制度——社会主义制度不久也诞生了。从此，中国人民和中华民族有了中国共产党这个主心骨，中国人民从精神上由被动转为主动，中国人民第一次迎来了自近代以来彻底摆脱物质和精神双重贫困的历史机遇。

　　新中国成立之初，中国人均国内生产总值不到 100 美元。那时候的中国刚刚从战争的创伤中走出来，国家大、人口多、底子薄，属于世界上最不发达的国家之一。然而，尽管物质贫穷，中国人却挺直了腰杆，国家实现了主权独立，人民成为国家的主人。1950—1953 年的朝鲜战争，中国共产党领导的人民军队抱着"打不赢就权当晚解放几年"的决心和信心与世界上最强大的国家交手不落下

---

① 1948 年 9 月，毛泽东在中共中央政治局会议上强调："我们是人民民主专政，各级政府都要加上'人民'二字，各级政权机关都要加上'人民'二字，如法院叫人民法院，军队叫人民解放军，以示和蒋介石政权不同。"参见《毛泽东文集》第 5 卷，人民出版社 1996 年版，第 135—136 页。

风，打出了声威和荣誉。这场战争用毛泽东同志的话讲"打一仗可以管五十年"。至此，中国人自 1840 年以来逐渐消失殆尽的民族自豪与民族尊严感重新树立，物质上依然贫穷的中国人率先找到了精神上的自信与自强。

然而，一代代中国共产党人并不满足于精神上的强大，更需要鼓足干劲"多快好省"建设社会主义，最终实现物质上的强大。三年困难时期，毛泽东同志得知人民在挨饿，掉下了眼泪，长时间坚持不吃他最喜欢吃的红烧肉。1962 年 12 月，当焦裕禄同志来到河南省开封市兰考县工作时，受三灾（风灾、涝灾、盐碱）的影响，全县常年竟然有三分之二的人口在全国各地讨饭。

中国人不缺乏艰苦奋斗、自力更生的精气神，一旦有好的制度，好的带头人，能够把群众组织起来凝聚成磅礴力量，这个国家没有理由贫穷。革命时期，中国共产党成功领导了男女平等、土地改革等伟大的社会革命，解放和发展了社会生产力，使中国基层社会面貌发生了深刻的变化；社会主义建设时期，中国共产党团结带领人民完成了社会主义革命，确立了社会主义基本制度，推进了社会主义建设，这是中华民族有史以来最为广泛而深刻的社会变革，为当代中国一切发展进步奠定了根本政治前提和制度基础。尽管成就非凡，由于底子薄的客观现实，中国人民离实现物质上强大的目标依然有不小的距离。

改革开放后，邓小平同志有一句名言：贫穷不是社会主义。社会主义如果不能解放和发展生产力，就没有生命力。1979 年 12 月 6 日，来访中国的日本首相大平正芳询问中国的现代化目标，邓小平同志用一个地道的中国词汇"小康"回答，并强调到 20 世纪末人均国民生产总值达到 800 至 1000 美元。邓小平同志还提出了中国现代化的三部曲："温饱"、"小康社会"、"人民生活比较富裕"，其中，"小康社会"承上启下，是实现社会主义现代化的关键。这个"小康"目标在党的十五大报告被称为"小康社会"，党的十六大报告把"全面建设小康社会"作为本世纪头十年的现代化目标，而党的十八大则把"全面建成小康社会"作为本世纪第二个十年的奋斗目标。随着全面建成小康社会目标的实现，中国共产党把目光放得更远、更高。

美国的社会活动家亨利·乔治在他 1879 年出版的《进步与贫困》一书中指出："只要现代进步所带来的全部增加的财富只是为个人积累巨大财产，增加奢侈和使富裕之家和贫困之家的差距更加悬殊，进步就不是真正的进步，它也难以持久。这种情形必定会产生反作用。"[1] 乔治发现的贫困问题在土地私有制和资本主义制度中难以解决。20 世纪 60 年代，瑞典经济学者缪尔达尔在《世界贫困的挑战——世界反贫困大纲》一书中首次提出"反贫困"[2] 命题。今天，在世界各地由于资本的收益率高于经济增长率，高于劳动者劳动的回报率，一方面是繁荣，一方面是贫困，呈现"二律背反"的吊诡。

回顾新中国历史，纵观世界历史，贫困是一个普遍存在的社会问题。改革开放四十年来，中国人实现了 7 亿多人口成功脱贫的伟大

---

[1]　[美] 亨利·乔治：《进步与贫困》，吴良健、王翼龙译，商务印书馆 1995 年版，第 17 页。

[2]　黄承伟、刘欣、周晶：《鉴往知来——十八世纪以来国际贫困与反贫困理论评述》，广西人民出版社 2017 年版，第 4 页。

壮举，为全面建成小康社会打下了坚实基础，我国成为世界上减贫人口最多的国家和世界上率先完成联合国千年发展目标的国家，为世界减贫事业做出了重要贡献。在旧中国，面对"三座大山"的压迫，中国人民没有办法摆脱贫困。在发达资本主义国家，贫富差距拉大，财富集中在少数人手上。在一些发展中国家，贫民窟大量存在，变成国家治理的大难题。总之，在生产资料私人所有制背景下，经济增长能够减轻一些国家的贫困发生面，却无法摆脱由贫富差距所导致的"相对贫困"或"绝对贫困"的困扰。中国作为共产党领导的最大的社会主义国家，也是世界上最大的发展中国家，找到了贫困产生的根源——生产资料私人占有制度以及社会生产力水平低下，也找到了治理贫困的途径——中国共产党的领导和中国特色社会主义道路。

2017 年 3 月初，一场大雪下了一整天，厚厚的积雪把纽约紧紧包裹住。在纽约市的 39 街一幢建筑物的窗沿下，蜷曲地坐着一个孤独的影子，身子裹在半湿的毯子里发抖，蓬松而凌乱的头无力地挂在胸前，他的面前竖着一块纸板，是从包装箱撕下的那种，上面写着："饿极了，任何帮助都感激不尽。"这位没有名字的年轻乞讨者只是美国大街上千千万万随处可见的流浪大军的一员，贫困现象在今天的美国越来越严重，无家可归者越来越多。[1]

对比世界上一些国家对贫困问题的冷漠态度，宣汉脱贫攻坚的故事告诉我们一个中国特色政治经济学的大道理：不能仅靠市场的

---

[1] 黄树东：《制度与繁荣：一个新世界的开始》，中国人民大学出版社 2018 年版，第 100 页。

力量解决贫困户脱贫。总体上讲，市场经济条件下的经济增长具有
外溢效应，会提高许多人的收入水平，改善生活水准，但市场经济
带来效率的同时也会带来相对贫困等难题。因为，市场经济具有二
重属性：它既是资源配置的一种手段，也是一种决定收入和财富分
配的经济关系。在市场经济背景下，资本作为生产要素带来的收益
率远远高于劳动力、技术等其他生产要素的收益率，也高于经济增
长率。因此，在资本快速流动的地方，一方面经济迅速增长，一方
面贫富悬殊拉大，导致相对贫困或绝对贫困的出现。法国经济学家
皮卡蒂在其 2017 年发表的一篇文章中指出：1978 年至 2015 年，中
国全部人口中收入水平相对较低的 50% 的人群人均收入翻了 5 倍；
而同期美国全部人口中收入处于底部位置的 50% 的人群人均收入
却降低了 1%。[①] 宣汉脱贫攻坚的故事告诉我们：中国共产党既把
市场经济看作一个资源配置手段，也把它定义为决定收入和财富分
配的经济关系。作为前者，市场必须在资源配置中起决定性作用；
作为后者，必须关注经济关系的调整，让政府更好地发挥作用。在
宣汉的调研中，我们发现，坚持和加强党的全面领导，政府更好地
发挥作用，充分发挥社会主义制度的优势，高度重视并引入市场机
制等等，所有这些要素的有机组合，形成了中国特色的治理贫困
之路。

　　当然，宣汉县在精准扶贫、精准脱贫取得成绩的同时，也存
在着一些难题、问题。比如 10—20 年后，谁还在农村种地，如何

---

① Thomas Piketty，Liyang，Gabriel Zucman，Capital Accumulation，Private Property
　 and Rising Inequality in China，1978-2015，April 2017.

才能实现党的十九大报告强调的"把中国人的饭碗牢牢端在自己手中"？如何实现农产品转向市场导向？如何有效防止"被脱贫"，防止脱贫大跃进？如何在脱贫进程中不养懒汉？如何防止超越发展阶段，使贫困农民陷入"福利陷阱"，对非贫困人口造成"悬崖效应"？如何发展乡村集体经济？如何撬动更大的市场力量与社会力量参与脱贫？小农生产的客观存在将是一个漫长的过程，如何将他们引入农业现代化轨道？如何构建现代农业产业体系、生产体系、经营体系，完善农业支持保护制度，发展多种形式的适度规模经营？如何提高农民的综合素养？等等。实现乡村振兴不可能一蹴而就，需要全社会更多的人来关心、更多的人来参与，是一个系统工程。

宣汉县正行走在脱贫致富、乡村振兴的大道上。宣汉的成功实践表明：中国的乡村振兴必须补上脱贫攻坚的短板，走中国特色减贫之路；必须重塑城乡关系，走城乡融合发展之路；必须巩固和完善农村基本经营制度，走共同富裕之路；必须深化农业供给侧结构性改革，走质量兴农之路；必须坚持人与自然和谐共生，走绿色发展之路；必须传承发展提升农耕文明，走乡村文化兴盛之路；必须创新乡村治理体系、改善治理结构，走乡村善治之路；必须坚持党的领导，加强农村基层组织建设，走中国特色社会主义之路。

宣汉的成功实践还表明，只有在中国共产党领导下，充分发挥中国特色社会主义的制度优势和效能优势，找到人民利益的最大公约数，画出最大最美的同心圆，激发每一个人的奋斗精神，甚至在一定条件下"无"中生"有"，才能真正治理贫困这个肆虐人类历史几千年的顽症，最终在中国这块美丽的沃土上让每一个人有尊严地生活，让每一个人都能拥有美好生活，朝着实现乡村振兴和全体人民共同富裕的伟大目标昂首前进，这就是当代中国共产党人治理贫困的全部道理。

附　录　宣汉简史

古城宣汉，历史绵延数千年。从公元前 11 世纪巴国算起，属地历史距今 3000 多年。从公元 90 年置宣汉县算起，宣汉建县距今 1928 年。

商朝末年　武王伐纣，"实得巴蜀之师"、"前歌后舞"。"歌"指《下里》、《巴人》，今天的巴山歌（竹枝词、薅草锣鼓、土家民歌、马渡关山歌等）有其影子；"舞"指巴渝舞，今天宣汉人民创造的巴人舞有其影子。

秦朝末年　公元前 206 年，项羽自封西楚霸王，把原秦国之地分封给秦朝三个降将，故陕西称"三秦"，封刘邦为汉王（管辖巴、蜀、汉中），迫使刘邦离开关中，四年楚汉相争由此拉开。刘邦派樊哙出征巴郡，在宣汉募兵征粮。樊哙镇（镇名因人而命）的将军坪、茶河镇的鹿走山、七里镇的峨城山和宣汉县（新华镇）、万源市（铁矿镇）交界的霸王城都是储粮屯兵之地。巴人助刘邦定三秦、夺天下，建立西汉王朝，县地属巴郡宕渠县。

三国时期　献帝建安十八年（公元 213 年），三国名将张飞受孔明之命进军巴州，经大成镇瓦窑坝、战隘口、行至沙溪河。张飞夜饮至醉，骑马飞渡过河。乡人惊异，在飞渡处立石刻碑"张飞跃马飞渡"，并将场名"阆英场"改为"马渡关"（马渡关镇名由此而得）。

唐朝 武则天（公元624—705年）以后，桃花米作为"贡米"供奉皇帝，列入《全国农作物优良品种目录》，评为中国地理标志产品、国家生态原产地产品。

天宝年间（公元742—756年），杨玉环喜食新鲜荔枝，唐玄宗建专供荔枝运输的驿道，从涪陵经子午道至长安。"一骑红尘妃子笑，无人知是荔枝来"（杜牧《过华清宫》），四川省第三批自然与文化遗产地——马渡关镇现有保存完好的荔枝古道5公里。

至德初年（公元756年），韩滉来到达州，任通州长史（相当于政府部门秘书长），宣汉黄牛成为韩滉《五牛图》的创作之源。《五牛图》是中国十大传世名画之一。宣汉黄牛系国家地方优质牛种，被载入《中国牛种志》和《世界牛种名录》。

元和十年（公元815年），元稹来到达州，任通州司马，作诗《南昌滩》（东林乡南昌滩，现名兴浪滩）："渠江明净峡逶迤，船到明滩拽捻迟。橹窾动摇妨做梦，巴童指点笑吟诗。畬馀宿麦黄山腹，日背残花白水湄。物色可怜心莫恨，此行都是独行时。"

明朝 洪武五年（公元1372年）设有南昌滩土副巡检司。洪武七年（公元1374年），酉阳冉氏土司后代冉应祥被任命为土官带兵到石鼓旧县（今宣汉县）镇守，称石鼓镇守，嘉靖年间（公元1522—1566年）在此建石鼓书院，清末民初置石鼓团，直到1465年改土归流，复置东乡县（今宣汉县），石鼓镇守冉土司统治达92年。

永乐十二年（公元1414年），唐瑜（浙江兰溪人）奉朱棣圣旨，入川监视避难巴蜀的建文帝，宅居南坝镇。唐瑜墓1984年被列为县级文物保护单位，2012 年被列为市级文物保护单位。唐瑜第十一代孙唐甄，著有《潜书》，与王夫之、黄宗羲、顾炎武并称明末清初"四大著名启蒙思想家"。

唐瑜有二子，长子唐鲲、字天池，官任江南苏州知府；次子唐鲤，官任黄州知府。唐鲲、唐鲤去世后，合葬于南坝，墓前石刻朱棣御敕"鲲奋天池"，所建石牌坊匾额刻"鲲奋天池"。从此，"鲲池"二字作为地名，后"鲲池乡"更为"昆池乡"，今并入南坝镇。

明朝末年（公元 1638 年），张献忠部将攻打东乡县，西来寺百余寺僧因寡不敌众，但守住气节，绝不屈服，投江殉难，寺前河流被称为百节溪。

清朝　嘉庆元年（公元 1796 年）九月，东乡县桃花乡王三槐与冷天禄率白莲教徒在桃花乡莲池沟起义；12 月攻破县城，开四川义军攻城胜利之先河，史称"白莲教东乡起义"。嘉庆二年 6 月，王聪儿率湖北白莲教义军与达县徐天德部、东乡县王三槐部，会师于今天的宣汉县白马镇白秀山。白莲教起义历时 9 年，波及湖北、陕西、甘肃、河南 4 省，先后有数十万农民参加，清政府征调 16 省兵力镇压，历史上又称"川楚白莲教大起义"。

普光镇罗家坝罗思举，与王三槐幼时是同门师兄弟。白莲教起义后，罗思举应募乡勇，后投清军，靠镇压白莲教发迹，屡立战功。历任湖北、四川、云南、贵州、湖南提督，授一等轻车都尉和一品水陆总督，赐"振威将军"封号，受两朝皇帝宠爱。

光绪二年（公元 1876 年）二月，厂溪镇陈家坪袁廷蛟高举"粮清民安"旗帜请愿，知县孙定扬谎报"聚众围城"，提督李有恒率兵围剿，屠杀无辜群众数千人，造成"千人喋血、旷古奇冤"的"东乡血案",与江苏张汶祥"刺马案"、浙江"杨乃武与小白菜案"被称为三大冤案,川剧《巴山秀才》取材于此。

土家族是巴人后裔。巴国虽为秦国所灭,但巴人依然在这块土地上繁衍生息,朝廷采取"羁縻"政策,后为土司制度,取而代之以"土"字作称,如土民、土人、土家等。1957年1月,国家正式认定土家族为单一民族。宣汉是四川省唯一土家族聚居区,至今保留着巴国时期的文字、服饰以及生产生活习俗。

巴文化通过数千年发展,一些历史学者概括为四个字:忠、勇、信、义。忠指忠于国家、忠于人民;勇指骁勇善战、勇武盖世;信指信守承诺、一诺千金;义指重情重义、豪爽耿直。

后　记

党的十八大以来，尤其是习近平总书记出席文艺工作座谈会和哲学社会科学工作座谈会以来，中国哲学社会科学界以及宣传文化战线各行业、各领域的创作者坚持以人民为中心的导向，纷纷深入基层，深入生活，带着感情、带着情怀，努力欢乐着人民的欢乐，忧患着人民的忧患，记录中国人民的故事，讲述中华民族的变化，把文章写在中华大地上，把故事写在人民心头上。受这一波在当代中国土壤中寻找创新灵感和创作源泉大潮的影响，我也拿出了一份调查研究计划：打算以一个县委为例，近距离观察中国共产党如何能在中华五千年文明史上首次实现治理贫困的伟大目标。

于是，我在全国各地寻找调查研究目的地，并通过各种渠道了解到了四川省达州市宣汉县取得的脱贫成就。

2015 年年底，一次偶然机会我认识了中共宣汉县委书记唐廷教同志。我们第一次见面就聊到脱贫攻坚，唐书记清晰的思路给我留下深刻印象，我主动提出能否去宣汉进行全面调研，唐书记愉快地接受了我的要求。在随后的调研中，唐书记给我提供了最大的方便、最大的自由，几乎我想看什么就能看什么。在宣汉调研期间，唐书记还专门委托分管脱贫工作的县委副书记罗宾参与调研活动，县委常委、组织部部长杨轶直接对接，有了他们的直接帮助，我们的调研得以顺利完成。因此，在本书即将付梓之际，我要首先向宣汉四大班子领导、宣汉所有接受访谈的党员干部和普通群众表示感谢。

今天的社会科学研究，已经变成了一个系统工程，许多研究项目都需要群策群力。一般说来，学者们更关注对事实的归纳与抽象，寻找隐藏在表象背后的规律，实现"由俗向真"的飞跃；记者们更关注把事实描述得更客观、准确，实现"俗中有真"；而写小说的作者（作家）则需要用优美的语言把客观事实形象地表达出来，实现"由真向俗"的效果；读者则期盼"俗真融合"，在通俗易懂的语言中感受"大道至简"，给人启迪。在策划本研究项目时，我有一个大胆设想，能否在尊重客观事实的基础上，把学者、记者、作者（作家）、读者"四者"的力量结合起来，把四种不同诉求和风格结合起来。于是，我找到宣汉县的记者朋友、乡土作家与中央党校研究人员组成研究团队，一起开展调研。

在全书写作过程中，我拿出了整体规划、提纲，单独完成序言、结语、第一章、第六章，对每一章进行修订。中央党校党建部讲师张博完成了第二、三、四、五章的编写、修订工作。我的博士生王玉柳、李丹青，四川省委党校图书馆副馆长肖友国副研究员，四川省委党校党史党建教研部讲师郭玥博士，四川省委省直机关党校党建党史教研部张蔚副教授与我们一道赴宣汉县进行调研并整理访谈记录。宣汉县各位朋友在我的指导下分别完成并整理了每一章的初始访谈，他们是县委办卢志健、李婉，县委组织部黄红财，县委党校代以胜、黄栩鑫、李静，县志办冉奎，县委宣传部漆楚良、丁梅、胡晓赟，县烟办龚建华，县广厦办王凌峰，县教科局赵开宣，县扶贫移民局桂学军、胡长路，县工业园区管委会周本均，县旅游局陈蒙，县广播电视台杨元华，南坝镇政府周小洋等。这本小册子有他们的集体智慧，他们是本书作者群的成员。

初稿出来以后，我请宣汉县委领导、县委党校以及本书当事人尽可能将全书通读一遍，将大家的"新意"汇聚起来，重新进行修订。我们多次回访当事人，直至确认所有的采访与事实和细节完全相符。真诚地感谢本书所有的作者，真诚感谢这些先睹为快的读者。

为了体现纪实的特色，全书出现了很多实名的党员干部和基层群众，他们是本书的主人翁，也是我们采访的对象。没有他们，宣汉脱贫攻坚的成就就难以取得，他们是真正的英雄，是我们致敬的对象。

全书书稿在修订过程中，还听取了中央有关部门专家提出的审读意见，这里一并向他们表示感谢。

本书初稿完成以后，得到了中央党校创新工程的资助，感谢中央党校创新工程办公室和党建部全体同仁的支持。

这些年来，我们在党建研究中不断尝试新的研究方法，其目的只有一个——向真实逼近，向真理逼近。而本书所采用集"四者合力"的写作方式能否得到学界和读者朋友们的认可，不得而知，权且作为一次探索吧。

　　全书从酝酿到定稿大约两年半时间，从调查的时间看，并不算长。因此，本书对一些问题的思考深度依然不够，一些结论和表述还有值得推敲的地方，这些缺陷与不足请读者们批评指正。

祝灵君

2018 年 9 月

责任编辑：毕于慧

封面设计：王欢欢

版式设计：汪　莹

图书在版编目（CIP）数据

治理贫困之路：四川宣汉调查 / 祝灵君　等著 . — 北京：

　人民出版社，2018.10（重印）

ISBN 978 – 7 – 01 – 019972 – 6

I. ①治…　II. ①祝…　III. ①扶贫 – 研究 – 宣汉县　IV. ① F127.714

中国版本图书馆 CIP 数据核字（2018）第 238493 号

治理贫困之路

ZHILI PINKUN ZHILU

——四川宣汉调查

祝灵君　张　博　等 著

人民出版社 出版发行

（100706　北京市东城区隆福寺街 99 号）

北京盛通印刷股份有限公司印刷　新华书店经销

2018 年 10 月第 1 版　2018 年 10 月北京第 2 次印刷

开本：710 毫米 ×1000 毫米 1/16　印张：13

字数：140 千字

ISBN 978 – 7 – 01 – 019972 – 6　定价：39.00 元

邮购地址 100706　北京市东城区隆福寺街 99 号

人民东方图书销售中心　电话（010）65250042　65289539